PRATIQUE

DE

La Charité

envers les familles ouvrières

PAR

L'Abbé Ém. BAZIN

ANCIEN CURÉ DE LA CATHÉDRALE D'ANGERS

Avec une lettre de Mgr l'Évêque d'Angers 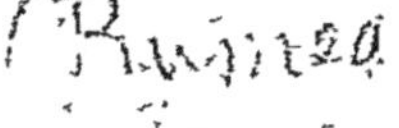

ANGERS

GERMAIN ET G. GRASSIN, IMPRIMEURS-LIBRAIRES

de Monseigneur l'Évêque, du Grand-Séminaire et du Clergé

40, rue du Cornet et rue Saint-Laud

1901

PRATIQUE

DE

La Charité

envers les familles ouvrières

PRATIQUE

DE

La Charité

envers les familles ouvrières

PAR

L'Abbé Ém. BAZIN

ANCIEN CURÉ DE LA CATHÉDRALE D'ANGERS

Avec une lettre de Mgr l'Évêque d'Angers

ANGERS

GERMAIN ET G. GRASSIN, IMPRIMEURS-LIBRAIRES

de Monseigneur l'Évêque, du Grand-Séminaire et du Clergé

40, rue du Cornet et rue Saint-Laud

1901

SE VEND AU PROFIT DES SERVANTES DES PAUVRES

LETTRE

DE

MGR L'ÉVÊQUE D'ANGERS

A L'AUTEUR

Angers, le 24 septembre 1901.

Monsieur et bien cher Chanoine,

Le livre que vous avez bien voulu soumettre à mon appréciation mérite une approbation et des éloges sans réserve.

Il est le fruit d'une longue expérience mise au service d'un rare bon sens et d'un dévouement très judicieux envers la classe des travailleurs.

On est heureux d'y rencontrer des renseignements très précis sur la condition des familles ouvrières. On y admire une très sage pondération et une exquise délicatesse dans l'appel fait en leur faveur à la charité des riches, dans l'exposé des différentes manières, anciennes ou nouvelles, de pratiquer la charité, dont quelques-

unes, il faut bien le dire, supposent une intelligence et un cœur qu'on ne trouve pas toujours chez les heureux de ce monde.

On est charmé par les traits, les histoires vécues qui agrémentent les statistiques, prouvent les affirmations, corroborent les conseils.

On est subjugué par une émotion contenue mais vraie, qui court à travers toutes les pages, dans ce style sobre dont vous avez le secret.

Je fais des vœux ardents pour la diffusion de ce charmant volume qui respire l'amour du peuple, « du vrai peuple qui travaille et qui souffre ». Consacré lui-même à une bonne œuvre au profit des déshérités d'ici-bas, il n'en sera que plus éloquent pour apprendre « à les connaître, à les aimer et à les servir ».

Veuillez agréer, Monsieur et bien cher Chanoine, l'hommage de mon plus affectueux respect.

† JOSEPH, Év. d'Angers.

AVANT-PROPOS

L'auteur de ce petit livre ne prétend pas que la pratique de la charité soit l'unique devoir qu'il y ait lieu de remplir envers les classes ouvrières, ni le moyen le plus efficace de leur venir en aide. Il applaudit de tout son cœur à certaines améliorations ou réformes économiques et sociales dont les ouvriers pourront retirer de sérieux avantages et qui ne paraissent pas dériver exclusivement de la stricte charité.

On a abusé jusqu'à les rendre odieux ou ridicules de ces grands

mots de fraternité et de solidarité
sociale. Ce n'est pas une raison pour
s'en effrayer ou pour estimer qu'ils
ne signifient rien. Pris dans leur vrai
sens, ils expriment des idées justes et
nobles qu'il importe de ne pas perdre
de vue. Assurément, c'est une exa-
gération, c'est une erreur d'assimiler
de tout point une nation à une famille.
Il est vrai pourtant que les citoyens
d'un même pays sont unis les uns
aux autres par des liens réels d'une
nature particulière : qu'ils ont vis-à-
vis les uns des autres des devoirs, et
les uns sur les autres des droits qui
ne sont pas absolument sans analogie
avec ceux des membres d'une même
famille. Toute proportion gardée et
vices mis à part, il en est un peu entre
des concitoyens comme entre des

frères qui ne reçoivent pas les uns des autres et ne se donnent pas les uns aux autres un secours ou un morceau de pain à titre de pure charité.

Mais, ce qui est encore plus digne de remarque, les bons travailleurs ont rendu à la société des services; ils lui ont assuré une stabilité, une durée et une sorte de perpétuité que ne paie pas équivalemment le maigre salaire quotidien. Les pouvoirs publics, en faisant des lois qui procurent aux ouvriers de bonne volonté un peu plus de bien-être dans le présent et leur préparent quelque sécurité pour leurs vieux jours, de même que les patrons de toute catégorie qui, pour récompenser leurs employés et leurs ouvriers d'avoir soutenu et développé leur commerce ou leur industrie, fondent à leur profit divers établissements de bienfaisance et de prévoyance, et contribuent par leurs cotisations à grossir le capital de la caisse de retraite, remplissent des devoirs auxquels la justice n'est pas absolument étrangère.

Un grand bien a déjà été fait en ce sens ; un plus grand bien se fera dans l'avenir, je le souhaite ardemment, je l'espère fermement. Sans doute, il faut s'attendre à de longs tâtonnements ; beaucoup d'erreurs seront commises ; les gens de parole retarderont les gens d'action ; des charlatans et des intrigants usurperont la confiance et l'autorité qui devraient revenir aux hommes de cœur, aux vrais amis du peuple. Il y aura d'un côté des hésitations et des résistances intéressées, de l'autre côté, des empressements téméraires et des exigences excessives. A certains moments, on pourra craindre de voir, et l'on verra, en effet, des iniquités et une tyrannie d'un nouveau genre essayer de se substituer à des iniquités disparues et à une tyrannie définitivement vaincue. N'est-ce pas l'incorrigible défaut de la nature humaine d'atteindre malaisément, de n'atteindre jamais la parfaite mesure ? N'importe : ne désespérons pas ; attendons avec confiance un avenir meilleur que le passé et le présent.

Seulement « ..... en attendant que soient enfin levés ces jours heureux dans lesquels la justice obtiendra une entière satisfaction, ou plutôt, pour parler sans rêver, dans lesquels la justice sera moins souvent mise en échec, la charité a encore provisoirement un rôle considérable à remplir, un bien immense à faire. Et même, ne faudrait-il pas être trop enclin à la chimère pour se figurer un monde où la divine parole « *vous aurez toujours des pauvres parmi vous* » cessera d'être vérifiée? Est-ce qu'il n'y aura pas toujours des êtres faibles de corps, d'esprit, de volonté, qui souffriraient cruellement, qui périraient, s'ils ne pouvaient compter que sur la rigoureuse justice? Est-ce qu'il n'y aura pas toujours des êtres vicieux en faveur de qui devront prévaloir sur la terre comme au ciel la miséricorde et la charité..... » (*Pratique de la charité*, chapitre x.)

Telle est la pensée qui a inspiré cet

ouvrage. Après avoir montré dans les premiers chapitres que les ressources de la plupart des familles ouvrières ne répondent pas à leurs besoins, l'auteur rappellera en des termes pressants et même persuasifs, puisqu'ils sont empruntés à l'Évangile, le devoir de la charité ; et enfin il proposera diverses manières de pratiquer cette vertu.

Puisse le bon Dieu bénir ce modeste travail et le rendre utile et aux pauvres et aux riches : aux pauvres, en leur procurant des secours plus abondants ; aux riches, en les excitant à multiplier des aumônes qui seront leur plus doux plaisir ici-bas et leur indispensable titre à la récompense éternelle.

PRATIQUE DE LA CHARITÉ

ENVERS LES FAMILLES OUVRIÈRES

CHAPITRE PREMIER

Recettes diverses des familles ouvrières. — Salaire du mari, — de la femme, — des enfants âgés de plus de quatorze ans.

Pour se rendre compte de la situation des familles ouvrières, il est indispensable de déterminer d'abord, aussi exactement que possible, le chiffre de leurs diverses recettes, et de le comparer ensuite à celui des dépenses que nécessitent leurs véritables besoins.

Ces recettes proviennent principalement, sinon exclusivement, du travail du mari ; assez souvent de celui de la femme, et, à partir d'une certaine époque, de celui des enfants ; beaucoup plus rarement, d'un petit capital, fruit d'un héritage, ou de longues économies, dont le revenu fournit un maigre appoint aux autres ressources, ou que l'on entame au fur et à mesure des besoins habituels ou accidentels auxquels les recettes normales ne permettent pas de faire face.

Dans les ménages ouvriers, le produit du travail du mari est fort inégal. Il varie selon les professions ; et, dans chaque profession, selon que l'ouvrier est à la journée, ou à la tâche, *à ses pièces*, comme on a coutume de dire ; et qu'étant à la tâche, *à ses pièces*, il est plus ou moins habile, plus ou moins *avantageux*. Il y a pourtant des chiffres au-dessus desquels personne ne s'élève, qui ne sont même que très rarement atteints ; comme il y en a au-dessous desquels on ne descend point, sauf de rares exceptions. Des ouvriers d'art : sculpteurs, peintres, décorateurs, lithographes, etc., ou dont le métier tient à l'art par quelque côté, ou une longue préparation, et une habileté, et une intelligence exceptionnelles, peuvent gagner jusqu'à six et sept francs par jour. Au contraire, les ouvriers dont le métier ne réclame qu'un effort physique plus ou moins considérable, tels que dans les usines les ouvriers de la dernière catégorie, les manœuvres, les balayeurs des rues, les garçons de magasin, la plupart des voituriers et, parmi les jardiniers, ceux qui ne font guère que bêcher et remuer la terre, ne gagnent jamais plus de 3 fr., 2 fr. 50 et même 2 fr. par jour. Et encore, plusieurs de ces ouvriers si mal rétribués sont les plus exposés au chômage pendant la mauvaise saison. Ces faibles salaires ne sont malheureusement pas exceptionnels. Les ouvriers qui ne gagnent que 3 fr. et moins de 3 fr. par jour sont, sans comparaison, plus nombreux que ceux qui gagnent 5 fr. et plus de 5 fr. Toutefois, du moins dans les grandes villes, notamment à Angers, la moyenne des salaires

ouvriers est sensiblement plus élevée.
Des informations minutieuses me
permettent d'affirmer que le gain
journalier des deux tiers, au moins,
des ouvriers proprement dits, de ceux
qui *ont un état,* flotte autour de 4 fr.
par jour. A ce compte, la majorité
des ouvriers peut gagner annuellement 1.000 francs et 1.200 francs,
ou un peu plus ; à condition, bien
entendu, que le travail ne soit pas
interrompu plus d'un jour par
semaine. Or, indépendamment de
toute faute de la part de l'ouvrier,
cette condition n'est presque jamais
remplie. Je ne pense pas que l'on
puisse évaluer à moins de vingt ou
trente par an, en dehors des dimanches
et des fêtes, les jours pendant lesquels,
à raison d'un chômage involontaire,

d'une maladie, d'un dérangement forcé, un ouvrier ne travaille pas, et par conséquent, ne gagne rien. Un très petit nombre d'ouvriers gagnent jusqu'à 1.500 et 1.800 francs ; un plus grand nombre 900 francs et même moins. Quelques recettes supplémentaires viennent d'ordinaire grossir ce modeste revenu.

Il y a peu de femmes d'ouvriers qui ne se livrent de leur côté à un travail plus ou moins rénumérateur. Les unes font en ville des journées ou des demi-journées : elles font le ménage, elles lavent, elles cousent, elles ravaudent pour le compte de personnes qui ne peuvent pas ou qui ne veulent pas se livrer elles-mêmes à ces divers travaux, et qui n'ont pas le moyen d'entretenir une servante à poste fixe. D'autres travaillent à domicile ou dans un atelier pour un industriel quelconque. D'autres, en plus petit nombre, vendent des journaux, portent des imprimés, font des commissions. D'autres enfin tiennent un petit commerce d'épicerie, de mercerie, de boissons, etc.

Une femme de journée, occupée depuis le matin jusqu'au soir, pendant dix ou douze heures, gagne 1 fr. 25, 1 fr. 50 centimes, rarement plus ou moins. Mais elle a, en outre, l'avantage d'être nourrie et généralement mieux nourrie que chez elle : d'où résulte pour elle et pour sa famille un double bénéfice, un peu d'argent en plus, une dépense en moins. Une femme de journée qui travaille à l'heure, gagne habituellement 0 fr. 20 ou 0 fr. 25 centimes par heure ; j'en connais qui se contentent de 0 fr. 15 centimes. Ces prix s'entendent des heures qu'elles passent effectivement au service de leurs pratiques : on ne leur tient pas compte du temps qu'elles perdent en allées et venues.

Le salaire des ouvrières est fort inégal. Il dépend de la profession qu'elles exercent, de leur habileté et du nombre des heures de travail. Les mieux rétribuées paraissent être les couturières. Il n'est pas très difficile à une bonne couturière, je ne parle que des femmes qui travaillent toute la journée dans un atelier, de gagner 1 fr. 50, 2 francs et même 2 fr. 50 par jour. Seulement, il faut déduire de ce gain les pertes de la *morte-sai-*

son qui ne revient que trop régulièrement deux fois par an, à la fin de l'hiver et à la fin de l'été, et qui peut durer chaque fois deux, trois, quatre, semaines et même plus. Ce n'est guère que pour mémoire que j'ai cité les femmes mariées qui travaillent chez une maîtresse couturière. Les soins du ménage rendent impossible à la plupart d'entre elles l'assiduité qu'exige cette profession. Presque toutes celles que j'ai rencontrées dans ces sortes d'ateliers étaient des jeunes femmes qui, ayant commencé à y travailler avant leur mariage, y restent encore quelque temps après, mais en sortent généralement dès la première maternité. A partir de ce moment, elles travaillent chez elles à divers travaux de couture, soit pour le compte d'une petite clientèle qu'elles se font peu à peu, soit, le plus souvent, pour le compte d'un magasin de confections.

Ce dernier genre de travail est assez mal rémunéré. J'ai connu, je connais des ouvrières *en confections* qui, pour six et huit heures de travail, ont de la peine à gagner plus d'un franc par jour, à charge pour elles de se fournir de fil et d'aiguilles. Je n'accuse point ici les patrons d'exploiter injustement et cruellement leurs ouvrières. La concurrence contre laquelle ils ont à lutter les oblige peut-être à faire travailler leur personnel à si bas prix. Je constate simplement un fait : une femme qui travaille chez elle pour un magasin de confections ne gagne pas plus d'un franc par jour.

Il y a heureusement des travaux plus fructueux. Une piqueuse de bottines, une ravaudeuse, une lingère peut gagner jusqu'à 1 fr. 50 par jour tout en vaquant aux soins essentiels du ménage.

Quant aux femmes, beaucoup moins nombreuses que les ouvrières, qui tiennent une petite boutique d'épicerie, de légumes, d'étoffes, de mercerie, etc., il est difficile d'évaluer approximativement leurs bénéfices. Les mieux achalandées gagnent tout juste assez pour payer le loyer de la famille et subvenir aux frais de leur entretien personnel et quelquefois de celui de leurs enfants.

Je ne parle pas ici des maîtresses couturières, lingères, modistes, tapissières, etc., ni des grosses marchandes qui occupent des ouvrières et employées, en nombre quelquefois très considérable. Ces personnes, dont le gain ne répond pas toujours aux apparences, n'ont rien de commun avec les femmes du peuple dont j'expose la situation précaire.

Les enfants de leur côté apportent tardivement et pour peu de temps leur contribution aux recettes de leurs parents.

Les enfants de l'un et l'autre sexe sortent de l'école vers l'âge de 13 ans. Quelques-uns, dont les parents jouissent d'une certaine aisance et que leurs heureuses dispositions semblent désigner pour des professions plus brillantes et plus lucratives que les métiers ordinaires, prolongent leurs études dans quelque cours supérieur jusque vers l'âge de 15 ans. Mais ce sont là d'assez rares exceptions. J'ai constaté que dans mes diverses écoles populaires de garçons et de filles, il y avait à peine un élève sur dix âgé de plus de treize ans.

Quoi qu'il en soit, les enfants commencent à travailler dès qu'ils sont sortis de l'école. Presque toutes les filles sont placées en apprentissage, les unes dans un atelier de modes, c'est le plus petit nombre ; les autres, dans un atelier de lingerie ; les autres dans un atelier de couture, c'est le plus grand nombre. Quelques ouvrières, qui travaillent chez elles à leur compte ou pour une maison de chaussures ou de confections, gardent assez souvent leurs filles, dont elles se font elles-mêmes les maîtresses d'apprentissage et dont elles tirent plus promptement un parti avantageux.

L'apprentissage dure généralement deux ans. La jeune apprentie devenue ouvrière a tout intérêt à rester, même avec un salaire très modique, dans la maison où elle *à appris son état*. Une petite ouvrière à ses débuts inspire naturellement peu de confiance. Elle risque fort de n'être admise chez une nouvelle maîtresse qu'à condition de prolonger gratuitement son apprentissage pendant trois ou six mois sous le nom de *perfection*. Dans tous les cas, si elle arrive, la première année, ou du moins, la première saison, à gagner 0 75 centimes

par jour, elle doit s'estimer heureuse,
Peu à peu son gain s'élève progressi-
vement et assez lentement à 1 franc,
1 fr. 25, 1 fr. 50. Les bonnes ouvrières qui gagnent habituellement
2 francs et 2 fr. 50 par jour, à l'âge
de dix-huit et vingt ans, ne sont pas
très communes. Il est vrai que les
heures supplémentaires de travail
après sept heures du soir leur sont
comptées en plus, et d'ordinaire à un
taux plus élevé que les heures du
jour. Seulement, il ne faut pas
oublier que presque toutes ces jeunes
ouvrières chôment chaque année
pendant plusieurs semaines. On ne
doit pas évaluer à plus de 250 par an
le nombre des journées de travail pour
les meilleures ouvrières, celles à qui
leurs maîtresses ne donnent congé

qu'à toute extrémité. Ce chiffre serait même beaucoup trop élevé pour les ouvrières modistes.

Les trois quarts, si ce n'est les quatre cinquièmes des jeunes filles du peuple exercent l'une ou l'autre des diverses professions que je viens d'énumérer. Le reste se partage en deux classes bien différentes ; celles qui appartiennent aux familles les plus pauvres deviennent ouvrières de fabriques. Dès le premier jour, elles gagnent quelques sous, et peu à peu leur salaire s'élève à 1 franc et 1 fr. 50. Celles dont les familles ont une certaine aisance et se piquent de distinction sont placées dans un magasin pour apprendre le commerce. Après un assez court apprentissage, et quelquefois immédiatement, elles reçoivent de petits appointements. A l'âge de seize ou dix-huit ans, une bonne vendeuse, *une demoiselle de magasin*, peut gagner 20 ou 25 francs par mois, et même plus, avec deux repas par jour. Le grand avantage de cette profession, c'est que le chômage n'y est pas connu. Mais, en revanche, l'assujettissement est extrême. Après une longue journée passée à tirer l'aiguille ou à promener un fer brûlant sur le linge, nos jeunes couturières et nos jeunes lingères sont certainement moins harassées que ces pauvres vendeuses qui n'ont pu s'asseoir que de loin en loin, qui ont dû essuyer patiemment mille importunités et mille insolences, et se mettre perpétuellement en frais d'éloquence et d'amabilité pour persuader des clientes indécises et fantasques. Sans compter qu'une toilette plus soignée que celle d'une simple ouvrière entraîne d'inévitables dépenses qui réduisent sensiblement leur traitement annuel.

Quant aux garçons, leur situation, jusqu'à l'âge de vingt ans, n'est pas très différenté de celle des filles, sauf qu'en général, à partir de seize ou dix-sept ans, leurs salaires sont plus élevés. Dans la plupart des métiers, l'apprentissage ne dure jamais moins de deux ans. Pendant la dernière année, ou pendant les six derniers mois, plusieurs patrons accordent à leurs apprentis qui leur rendent déjà de véritables services quelques gratifications hebdomadaires ou mensuelles de peu d'importance, que d'ailleurs les parents ont coutume d'abandonner de gré ou de force à leurs enfants. Comme les filles, le jeune apprenti devenu ouvrier n'a rien de mieux à faire que de rester au moins pendant un ou deux ans chez son patron d'apprentissage. Ces petits débutants, imparfaitement formés, ne sont pas accueillis volontiers dans un nouvel atelier. Quoi qu'il en soit, le premier salaire ne peut guère être évalué qu'à 1 fr. 50 par jour; rarement plus, souvent moins. Il s'élève d'année en année : à dix-huit ans, tel jeune homme gagnera autant qu'un vieil ouvrier. Mais ce n'est pas l'ordinaire. Quand à cet âge, et jusqu'à vingt ans, un ouvrier, dans n'importe quelle profession, gagne 3 fr. par jour, il est réputé gagner d'assez bonnes journées. Il faut excepter peut-être les horlogers et les bijoutiers, et d'autres ouvriers de luxe ; mais leur apprentissage a duré au moins trois ans et, en outre, il n'a pas été gratuit comme dans les autres métiers. Les maîtres horlogers et bijoutiers exigent communément 100 francs et même plus par année d'apprentissage, pour se couvrir contre les risques que font courir à leurs marchandises précieuses des novices maladroits, de sorte que, tout compte fait, un jeune ouvrier bijoutier, à 18 ans, n'a guère plus gagné qu'un menuisier, un serrurier, etc.

La condition d'un employé de commerce, d'un *commis*, est à peine aussi avantageuse. Son apprentissage ne dure pas moins longtemps. Et il est rare que, d'augmentation en augmentation, au bout de cinq ou six ans, ses appointements dépassent ou atteignent 1.200 francs, dont il faut défalquer les frais qu'entraînent une toilette pimpante, des habitudes et des fréquentations dispendieuses.

Il y a une autre classe d'employés relativement peu nombreuse sur laquelle il importe d'attirer l'attention.

Certains parents, séduits par la perspective d'un gain immédiat, recherchent avec empressement pour leurs enfants, au sortir de l'école, une place rétribuée dès le début. L'enfant entre dans un bureau, dans une administration quelconque, chez un négociant, un avoué, un expert, etc., et, moyennant un travail d'écritures ou de commissions en général peu pénible, il gagne tout de suite 15, 20 et 30 francs par mois ; et il a quelquefois, en outre, la nourriture et le logement. Hélas ! quand on a vu de près à quelle détresse sont réduits certains ménages ouvriers, on ne peut s'étonner qu'ils prennent ce parti et qu'ils se précipitent sur le premier bénéfice qui leur est offert. Mais il y a presque toujours lieu de déplorer ce calcul. C'est trop souvent, c'est d'ordinaire l'avenir sacrifié au présent : c'est, à partir de dix-huit à vingt ans, la vie entière vouée à d'inextricables embarras, à une irrémédiable misère. Le terrible problème de la subsistance a été éludé pour quelque temps, mais il ne tardera pas beaucoup à se poser de nouveau et la solution en sera à peu près impossible. Le petit commissionnaire, le petit balayeur de magasin, le petit clerc d'avoué ou d'expert, etc., si heureux de gagner 20, 25 et peut-être 50 francs à seize ou dix-sept ans, devenu un jeune homme de dix-huit ans, ne pourra se contenter d'un si modeste salaire. Et il n'aura aucune chance d'augmentation, parce que son travail est suffisamment rémunéré par cette somme et que les patrons auront intérêt à le remplacer par d'autres enfants qui leur rendront les mêmes services à plus bas prix. A dix-huit ans, il n'est plus temps de recommencer un apprentissage. Il faut donc que le pauvre employé continue de végéter plus misérablement que le dernier des ouvriers, ou qu'il se mette en quête d'une *autre place* qu'il a beaucoup de peine à trouver parce que son premier emploi ne l'a pas préparé à grand'chose. Aussi, quand j'étais sollicité par des gens besogneux et pressés de tirer parti, ou du moins de se débarrasser de leur enfant, de leur procurer une place, comme ils avaient coutume de dire, je ne m'y prêtais qu'avec une extrême répugnance et après leur avoir vivement représenté la triste situation qu'ils se préparaient pour un avenir prochain. Et si, en leur promettant et en leur assurant des secours durables, je parvenais à les décider à faire apprendre à leur enfant un métier, *un bon état*, grâce auquel il saurait où aller chercher du travail.

et finirait toujours par en trouver, je me flattais de leur avoir rendu un véritable service.

En résumé, je crois pouvoir affirmer que, de 15 à 17 ans, un jeune garçon ne gagne guère plus de 1 fr. 50 ou 2 francs par jour ; à partir de cet âge, plusieurs peuvent gagner 2 fr. 50 ou 3 francs. Ceux qui gagnent davantage font certainement exception.

A ces diverses ressources, il faut joindre, pour un certain nombre de familles ouvrières, un petit capital dont le revenu ne peut pas entrer en ligne de compte pour un chiffre bien considérable, mais qui constitue une réserve extrêmement précieuse pour les mauvais jours, jours de chômage ou de maladie prolongée.

Cette ressource n'est pas aussi exceptionnelle qu'on serait tenté de le croire, que je l'ai cru longtemps moi-même. Je me suis assuré qu'un assez grand nombre de familles possèdent, soit en argent comptant qu'elles ont le tort de laisser improductif, au fond d'un tiroir, exposé à des risques de plus d'une sorte ; soit en titres de rente sur l'État, soit en bonnes obligations de chemins de fer ; soit, ce qui est heureusement le cas le plus rare, en valeurs de mauvais aloi dont le gros revenu les a alléchées ; soit en livrets de caisse d'épargne, non pas certes une fortune, mais, comme elles disent, un *petit avoir*, dont l'importance relative n'est pas à dédaigner. C'est à la Caisse d'épargne que les ouvriers et les ouvrières recourent le plus volontiers, et ils ont bien raison. Aucun autre placement n'est plus solide; il est suffisamment rénumérateur et, ce qui est très commode pour des gens qui peuvent avoir besoin d'argent à l'improviste, les fonds déposés sont remboursables presqu'à vue, en totalité ou par fractions. Il est vrai que le chiffre des dépôts n'est pas très élevé, 1.500 francs au plus; mais nos modestes capitalistes tournent aisément la difficulté. Je connais quelques familles, j'en connais bien peu, mais j'en connais, qui ont deux ou trois livrets, et même davantage : un au nom du mari, un autre au nom de la femme, et un ou deux au nom d'un enfant.

Cette petite fortune a diverses origines. Elle provient quelquefois d'un héritage : elle est plus souvent le fruit d'économies réalisées avant le mariage, ou dans le cours du mariage, surtout pendant les premières années, lorsque les charges de famille ne sont pas encore très nombreuses et très lourdes. Avant le mariage, il est trop rare qu'un jeune homme, même bien rétribué et libre de disposer d'une partie de son gain, ait été assez prévoyant et *assez rangé* pour mettre de l'*argent de côté*. Cela se voit pourtant, et cela devrait être habituel. Le cas est beaucoup plus fréquent chez les jeunes filles, dont la vie est, pour beaucoup de raisons, moins dispendieuse que celle des jeunes gens. Il est presque d'usage qu'une jeune fille, avec l'agrément et l'aide de ses parents, amasse de longue main, sou par sou, une somme assez ronde, que n'absorbent pas totalement l'acquisition d'un modeste ménage, les frais de toilette, et les grosses dépenses du jour du mariage.

Ainsi en résumé : 1° Une famille ouvrière, où le mari est seul à gagner, dispose chaque année de 300 jours de travail, nombre exagéré, une somme qui s'élève :

exceptionnellement . à 1.500 fr.
habituellement. . . à 1.200 fr.
assez souvent . . . à 1.000 fr.
ou . . . . à 900 fr.
ou même moins :

Soit pour chaque jour d'une année de 365 jours de dépenses, chiffre réel, une somme de 4 fr. 10, — 3 fr. 20, — 2 fr. 75 — 2 fr. 45.

2° Une famille ouvrière où la femme travaille dispose en outre chaque année de 300 jours au plus de travail, d'une somme de 400 fr., ou 300 fr., ou 200 fr., soit en tout :

de . .   1.800 fr. cas très rare
ou . .   1.600 fr.
ou . .   1.400 fr.
ou . .   1.200 fr.

soit, pour chaque jour d'une année de 365 jours de dépenses, une somme de 5 fr., — de 4 fr. 45, — de 4 fr., — de 3 fr, 25.

3° Une famille ouvrière où les enfants travaillent et gagnent de leur côté dispose en outre d'une somme de 200 à 300 fr. par enfant âgé de 15 à 17 ans : d'une somme un peu plus considérable par enfant âgé de 17 à 20 ans ; soit à peine un surplus de 1 fr.

par jour dans le premier cas ; de 1 fr. 50 ou 2 fr. dans le second.

Mais il ne faut pas oublier que ce gain supplémentaire ne date que de la 16ᵉ année du mariage. Pendant 16 ans environ, la famille a dû se contenter du gain du père, ou du gain du père et de la mère.

4° Le revenu du capital éventuel dont j'ai parlé ne fournit presque jamais un appoint suffisant pour mériter d'être compté. C'est ce capital lui-même qui, entamé au fur et à mesure des besoins extraordinaires, est appelé à rendre service aux familles ouvrières.

Après avoir dressé la statistique des divers revenus des ouvriers, essayons de dresser celle de leurs dépenses.

CHAPITRE II

Dépenses des familles ouvrières. — Dépenses habituelles : logement, nourriture, vêtements. — Dépenses accidentelles.

C'est donc avec une somme annuelle qui s'élève exceptionnellement à 1.800 francs, qui descend souvent à 1.400 francs, 1.200 francs et même au-dessous de ce chiffre, c'est-à-dire, en divisant cette somme par 365, une somme quotidienne de 5 francs, 4 francs, 3 francs, et même quelquefois moins, qu'une famille ouvrière, réduite à ses seules ressources, doit pourvoir aux besoins de deux, ou trois, ou quatre personnes, ou plus, selon le nombre des enfants qui ne sont pas encore en âge de travailler et de gagner. Les mieux partagées, celles où mari et femme travaillent et gagnent, disposent de 4 fr., 4 fr. 50 par jour, dimanche compris.

Ce n'est pas, je l'avoue, sans un serrement de cœur que j'écris ces lignes. Je conjure mes lecteurs, surtout ceux qui sont riches ou aisés et qui ont quelque expérience de l'économie domestique, de les relire et de réfléchir : avant toute explication, ils partageront mon émotion. Une famille ouvrière composée de trois, quatre ou cinq personnes ne peut presque jamais compter pour se loger, se nourrir, se vêtir, pourvoir à ses autres besoins et, en cas de maladie, pour se soigner, sur une somme

supérieure à 4 francs, 4 fr. 50 et
5 francs, et, la plupart du temps, elle
doit se contenter d'une somme infé-
rieure ! Je n'insiste pas. Dans la première partie de ce travail, je constate
simplement des faits, je cite des
chiffres. Plus tard, nous apprécierons
les faits, nous balancerons les chiffres
et nous tâcherons de trouver, sinon un
remède, du moins quelque adoucissement à une situation trop précaire.

Entrons dans le détail des dépenses
auxquelles la famille ouvrière la moins
exigeante, la plus sobre, la plus économe ne saurait se soustraire.

Avant tout, il faut qu'elle vive.
Pour vivre, il faut qu'elle mange,
qu'elle se loge, qu'elle se vêtisse. Mais
ici, entendons-nous bien, il y a nourriture et nourriture, logement et

logement, vêtement et vêtement.
L'ouvrier et sa famille ont besoin,
rigoureusement besoin, d'être convenablement nourris, logés et vêtus,
j'aurais pu dire humainement logés,
nourris et vêtus. Une créature
humaine n'est pas un animal qui se
remplit l'estomac d'une nourriture
quelconque quand il a faim et qui
se blottit au fond d'une niche ou
d'une étable pour s'abriter vaille que
vaille contre les intempéries des sai-
sons. Un ouvrier n'est pas un sauvage à qui suffit une hutte informe et
une tente grossière, qui s'enveloppe
d'un lambeau d'étoffe ou d'une peau
de bête pour se préserver du froid.
L'être humain a d'autres besoins que
la brute, il lui faut de toute nécessité
une nourriture d'une certaine qua-

lité. L'être humain civilisé a d'autres besoins que le sauvage. La civilisation, même la plus rudimentaire, a créé ou plutôt développé en lui des besoins aussi impérieux que les besoins essentiels et imprescriptibles de la nature humaine. Il n'a pas seulement un estomac à remplir, des nerfs, un épiderme à prémunir contre des sensations trop douloureuses. Il a une dignité, un sens du beau, à tout le moins, du convenable, du décent, et, je ne crains pas de le dire, un amour-propre dont il serait cruel et injuste de ne pas tenir compte. Et, ainsi, son habitation doit être raisonnablement vaste et aérée, et, même, susceptible d'être tenue propre et rendue agréable. De même pour les vêtements : il lui faut du linge, des chaussures, etc. ; il faut que le dimanche, hommes, femmes et enfants du peuple puissent endosser un autre costume que celui qu'ils ont traîné toute la semaine à l'atelier, à la cuisine et à l'école. En un mot, il ne suffit pas qu'ils soient vêtus, mais habillés.

Que ces besoins légitimes s'enchevêtrent quelquefois, et même souvent, de convoitises moins respectables, je ne le nie pas, je ne le sais que trop. Je ne plaide pas ici la cause de la sensualité et de la vanité, et nous nous expliquerons ailleurs sur ce point. J'ai dit, et je le répète, que l'homme, la femme, l'enfant du peuple ont de réels besoins dont les uns dérivent de la nature humaine, les autres de la condition d'êtres civilisés.

Cela posé, faisons le compte des dépenses qu'entraînent ces divers besoins. Je prends à dessein les chiffres les plus modestes : ceux au-dessous desquels il est presque impossible à une famille de descendre, à moins de se priver du vrai utile, et presque du nécessaire, au-dessus desquels il est bien difficile de ne pas monter.

I. *Logement.* — Un logement populaire strictement suffisant, composé de deux ou au plus de trois pièces, situé au deuxième ou au troisième étage, au centre de la ville, dans un quartier non pas luxueux, mais passablement propre, ne coûte jamais moins de 150 à 200 francs. Pour se loger à plus bas prix, il faudrait qu'une famille d'ouvriers se retirât dans un quartier excentrique, à une distance excessive de l'atelier du mari, des patrons ou des pratiques de la femme ; ou bien qu'elle se résignât à s'ensevelir dans quelqu'une de ces ruelles dont il existe encore de trop nombreux échantillons au cœur de la ville d'Angers, derrière nos quais et jusqu'aux alentours de quelques-unes de nos plus belles rues ; ou bien au fond d'une cour obscure et infecte, entr'ouverte entre deux ou trois rangées de taudis laids, sales, malsains, condamnés en principe par les lois et les règlements concernant l'hygiène publique. On ne saurait s'imaginer, à moins de les avoir visitées, quelle est l'horreur de ces habitations. Un jour, en 1895, je rencontrai dans la rue qui se précipite de la montée Saint-Maurice dans la rue Baudrière, et qui porte à juste titre le nom pittoresque de rue Tire-Jarret, deux de nos conseillers municipaux chargés de faire un rapport sur les logements insalubres de la partie centrale du vieil Angers. Ils notaient sévèrement quelques masures dont la façade ne leur disait déjà rien de bon. Je les invitai à visiter l'intérieur, et je les introduisis par un long et sombre couloir dans une petite cour qui ne mesurait pas plus de neuf mètres carrés. Un tiers de cet espace était occupé par des cabinets fort mal tenus, d'où une épouvantable odeur se répandait à tous les étages dans les appartements dont les uniques fenêtres prenaient air et lumière sur cette cour.

Il ne faut pas croire, du reste, que ces abominables logements, qui deviennent heureusement de plus en plus rares au fur et à mesure que les ressources municipales permettent de percer de nouvelles rues et d'élargir les anciennes, se louent si bon marché. Comme ils sont d'ordinaire le refuge de très pauvres gens qui n'ont pas toujours le moyen et la volonté de payer et dont le mobilier sommaire et chétif ne peut être saisi et ne vaudrait pas d'ailleurs les frais d'une saisie, les propriétaires compensent autant que possible les risques qu'ils courent par l'élévation du loyer. Les bons locataires paient pour les autres. Ces misérables logements ne sont pas beaucoup moins chers que des appartements d'égale grandeur plus propres et mieux situés.

Un ménage ouvrier de goûts très modestes ne peut donc se loger passablement à moins de 150, 180, 200 francs par an, ce qui représente 0,40, 0,50, 0,60 centimes par jour. C'est déjà de ce seul chef une large brèche au revenu annuel et quotidien.

II. *Aliments*. — Le premier, le plus indispensable de tous les aliments, c'est le pain. Les personnes riches ou aisées ne se rendent pas compte de la quantité de pain qui se consomme dans un ménage ouvrier. A leur table, le pain est accompagné de mets si variés, si succulents, si nourrissants, qu'il n'entre que pour une part relativement peu considérable dans leur alimentation. Tous les jours, au déjeûner et au dîner, dans les maisons où l'on se traite bien, sans d'ailleurs faire d'excès, un potage dont le pain est exclu, un ragoût, un rôti, des légumes, des fruits et de menues friandises sont servis successivement plus abondants et mieux apprêtés qu'aux repas de noce des gens du peuple et dans les festins de famille qu'ils se permettent deux ou trois fois par an. Avec un si bon régime, on n'a pas besoin de manger beaucoup de pain ; on ne le pourrait même pas.

Les choses vont autrement chez nos ouvriers, même chez ceux dont l'ordinaire laisse le moins à désirer. Après la soupe au pain, un plat de viande qui suit, quand il ne le remplace pas, une grande *platée* de

légumes communs, et généralement,
c'est tout. Le pain doit donc combler
dans l'estomac la place qu'y laisseraient vide les autres mets absents.
L'habitude de faire une grosse consommation de pain est si bien prise
par les gens du peuple que, même
lorsqu'ils sont à la fête ayant à discré-
tion des aliments plus délicats, ils
continuent encore de se bourrer de
pain. J'en ai fait mainte fois l'expérience quand je traitais chez moi ou
que j'emmenais à la campagne mes
grands et mes petits garçons ; je ser-
vais ou nous emportions toujours
trop de viande et pas assez de pain.
En cinq minutes, un gros morceau
de pain était dévoré, l'assiette de
viande restant pleine encore à moitié.
« Monsieur, du pain ! » J'étais obligé

de dire à ces enfants : « Pour cette fois, voilà du pain, mais vous n'en aurez pas d'autre avant d'avoir fini votre viande ; forcez sur la viande ! »

Au prix moyen où le pain est vendu, on ne saurait évaluer à moins de quinze ou vingt centimes par personne la dépense qu'il occasionne dans un ménage. Quelques femmes consomment un peu moins ; la plupart des hommes consomment davantage. Jusqu'à 9 ou 10 ans, les enfants mangent et dépensent moins que leurs parents. Mais je ne sais vraiment si, dès l'âge de 10 ou 12 ans, les garçons mangent moins que leur père : j'en ai connu d'insatiables. C'est donc généralement, à quinze ou vingt centimes multipliés par le nombre des personnes qui composent une famille

qu'il faut évaluer la dépense quotidienne du pain ; soit, pour un ménage
n'ayant que deux enfants, soixante
ou plus souvent quatre-vingt centimes
à ajouter aux cinquante centimes du
loyer : soit pour ces deux dépenses
inéluctables une somme ronde de
1 fr. 30.

III. *Autres aliments*. — Ce ne
serait pas jouer sur les mots, mais
donner un sens très véritable à la
divine parole, que de dire avec N.-S.
J.-C. que, même dans l'ordre purement physique, un être humain, un
travailleur, une mère de famille, des
enfants, ne vivent pas seulement de
pain. Il paraît bien que le bon Maître
l'entendait de la sorte, puisqu'il mul-
tiplia miraculeusement les poissons

avec le pain pour nourrir les affamés du désert. Le pain est la base de l'alimentation humaine, il en constitue une partie notable, mais non pas la totalité. Ce n'est pas uniquement par plaisir que nous mangeons autre chose que du pain : réduits au régime exclusif du pain, nous serions bientôt rebutés, nous perdrions tout appétit, nous réparerions insuffisamment nos forces, nous dépéririons, et il est probable que nous ne tarderions pas à mourir. Nos ouvriers doivent donc de toute nécessité manger avec leur pain différents autres aliments. Et, certes, il faut ignorer complètement de quel menu ils ont coutume de se contenter, pour les taxer de sensualité, pour n'être pas touché plutôt de l'extrême simplicité de leur ordinaire.

J'ai entendu quelquefois des mora-
listes sévères autant que bien nourris
gémir et s'indigner des excès de
bouche auxquels se livrerait sans
vergogne la masse des gens du
peuple. « C'est devant les plus
pauvres maisons, me disait quelqu'un, que l'on voit chaque matin des
épluchures de primeurs et de gros tas
d'écailles d'huîtres ! » Boutade injuste et ridicule ! Non, ce n'est pas
dans les classes laborieuses dont je
m'occupe ici que l'on se traite si bien ;
c'est habituellement au-dessus, c'est
quelquefois au-dessous. Nos ouvriers
peuvent être de grands mangeurs,
ils ne sont guère gourmands ; ils
ne sont pas du tout gourmets. Je
voudrais que, jeûne et abstinence
mis à part, ces rigoureux censeurs

s'accommodassent pendant le carême de ce que nos ménagères servent sur leur table d'un bout de l'année à l'autre et même les jours de fête. La pénitence leur paraîtrait très rude, et elle le serait en effet.

. Pour préciser, voici, j'en suis sûr, de quoi se composent les repas de nos ouvriers, les mieux ou les moins mal nourris.

Le matin, avant le travail, une soupe qui, légumes et beurre ou graisse compris, revient à moins de dix centimes par personne. Souvent c'est tout. Ou bien, à défaut de soupe, quelquefois après la soupe, un gros morceau de pain sur lequel on étale soigneusement une couche très mince de beurre ou de graisse, ou que l'on frotte avec de certains légumes très odorants, ou enfin que l'on mange avec un petit morceau de viande froide. Dans quelques familles, la soupe est remplacée par un bol de café au lait, qui ne coûte pas beaucoup plus cher. La dépense totale de ce déjeûner n'est guère, en dehors du pain, que de dix ou quinze centimes, au plus.

Vers onze heures, l'ouvrier prend un repas plus solide. Presque toujours, une nouvelle soupe maigre, assaisonnée de beurre ou de graisse, au même prix que celle du matin, soit moins de dix centimes par personne. Puis, un morceau de viande accompagné ou suivi d'un plat de légumes. Quelquefois un fruit, toujours choisi parmi les plus communs et les moins chers. Étant donné le prix de la viande dont les ouvriers se contentent, 0 fr. 75 le 1/2 kilo, chaque part coûte environ 0 fr. 15 ou 0 fr. 20. Il va sans dire que les beaux morceaux ne sont presque jamais servis sur la table de nos ouvriers. Aucun d'eux n'est familier avec les côtelettes et les gigots, la plupart n'ont jamais mangé de filet. Ceux qui observent l'abstinence, et, grâce à Dieu, c'est de beaucoup le plus grand nombre, se nourrissent, le vendredi, de légumes, principalement de légumes farineux, ou d'œufs, ou de laitage, ou de poissons sur la liste desquels figurent presque exclusivement, comme poissons de mer, la morue, les sardines, les harengs, les moules et, par exception, comme poissons d'eau douce, le plus vulgaire fretin de nos rivières. D'ordinaire, un seul de ces mets suffit : le plus grand luxe est d'aller jusqu'à deux. Du reste, les repas du vendredi ne coûtent généralement ni plus ni moins cher que ceux des autres jours. Il est impossible, absolument impossible de dépenser moins de quinze ou vingt centimes par personne et par repas.

Le repas du soir revient à peu près au même prix.

C'est-à-dire que, pour toute une journée, la nourriture de chacun des membres d'une famille revient, pain non compris, au moins à 0 fr. 45. Avec 0 fr. 60, une ménagère se tire assez aisément d'affaire. Avec 0 fr. 75, elle est, ou plutôt elle serait au large. Et je prie de remarquer que, dans ce chiffre, je fais entrer les frais du combustible nécessaire pour apprêter une cuisine si simple, l'entretien et le renouvellement des ustensiles indispensables. Personne, j'imagine, ne trouvera qu'une telle dépense est excessive. Il y a plutôt lieu de s'étonner qu'avec 0 fr. 15 ou 0 fr. 20 de pain, 0 fr. 40, 0 fr. 45 ou 0 fr. 50 de divers autres aliments, un homme, une femme, qui travaillent rudement huit et dix heures et plus, puissent être passablement nourris. C'est pourtant ce qui est. Et heureux encore ceux qui sont en mesure de soutenir constamment cette inévitable dépense.

Voyez à quel total nous sommes déjà parvenus en prenant des chiffres réduits à l'excès

Pour le logement de toute la famille 0 fr. 50 ;

Pour le pain de chaque personne, en moyenne 0 fr. 15 ou 0 fr. 20 ;

Pour les autres aliments de chaque personne 0 fr. 45 et 0 fr. 50 ;

Soit, pour un ménage sans enfants : 1 fr. 90 ou 2 francs.

Et, pour une famille, cette somme, grossie d'autant de fois 0 fr. 50 ou 0 fr. 60 qu'il y a d'enfants âgés de dix à quinze ans ;

Soit, pour une famille, qui a deux enfants, environ 3 francs ou un peu moins.

A ce compte, une famille peut se procurer tout ce qui lui est nécessaire et vraiment utile, mais rien de ce qui est superflu. Et, ici, je ne parle que de ce superflu honnête, modeste, souhaitable, sur lequel nous aurons occasion de revenir. Au-dessous de ce chiffre, l'utile et même une partie du nécessaire restent plus ou moins en souffrance.

IV. *Vêtements et dépenses diverses.* — Il est impossible de fixer un chiffre qui représente approximativement les frais d'habillement pour les familles ouvrières. Dans telle famille on ne se soucie guère de la qualité, de la beauté, ni même de la propreté des vêtements ; dans la plupart, on se contente d'être vêtu proprement, au moins le dimanche ; dans quelques-unes, on a un peu plus d'ambition, on frise une certaine élégance. Mais l'inégalité des dépenses dépend beaucoup plus d'une autre cause. Il y a des mères de familles si soigneuses, si laborieuses, si habiles à tirer parti de tout, à faire du neuf avec du vieux, que leur mari et leurs enfants et elles-mêmes sont toujours convenablement habillés à moindres frais que le mari et les enfants de femmes négligentes et peu industrieuses. Combien ai-je vu, les dimanches et jours de fête, de petits garçons et de fillettes si proprets et si pimpants qu'on les aurait pris, comme disaient fièrement les parents, pour des *enfants de bourgeois !* La plupart du temps ces jolies toilettes avaient coûté à la mère de famille moins de francs que d'heures de travail de jour et de nuit. Mais enfin il n'y a soins et industrie qui tiennent; chaque année, il est indispensable de réparer ou de renouveler quelque pièce de la garde-robe du père, de la mère ou des enfants. Les chaussures notamment, surtout celles des garçons de qui l'on ne peut obtenir qu'ils marchent à pas comptés, s'usent plus vite que les vêtements. En outre les enfants grandissent : un garçon de douze ans ferait éclater son beau costume de première communion soigneusement conservé. Je sais que dans beaucoup de familles les aînés transmettent à leurs cadets leurs vêtements trop étroits. Mais alors la difficulté est seulement déplacée : il faut vêtir à neuf le grand frère dépouillé au profit du petit frère. Somme toute, les familles où il ne se dépense que 20 ou 25 fr. par an et par personne, l'un portant l'autre, exécutent un véritable tour de force. Je

ne cite pas au hasard ce chiffre invrai-
semblable ; il m'est garanti par des
femmes dont le mari et les enfants ne
sont pas du tout mal tenus. Mais, au-
dessous de ce chiffre, il est impossible que père et mère et enfants
soient vêtus, je ne dis pas élégamment,
mais chaudement en hiver, et décem-
ment en toute saison. C'est donc une
somme annuelle qui divisée par 365,
constitue un surcroît de dépenses
journalières qui ne peut être inférieur
à 0,06 ou 0,07 centimes par personne.

Outre les vêtements, il y a le linge,
la literie, les meubles, etc., qui ne
peuvent servir indéfiniment sans
avoir besoin de temps en temps de
quelques réparations. Il y a l'éclai-
rage dont certes on ne fait pas abus ;
et pour lequel on recourt toujours

aux substances et aux systèmes les plus économiques. C'est peu de chose, dira-t-on. Ce qui est peu pour les gens aisés est beaucoup pour les pauvres gens qui doivent compter jusqu'au dernier sou. Dans le modeste budget d'un ouvrier, un surcroît de dépenses de 20 fr. n'est pas à dédaigner.

On s'étonnera peut-être de ne pas voir figurer sur cette liste des dépenses le blanchissage et le chauffage. C'est que, de ces deux articles, l'un ne coûte rien dans un grand nombre de familles, la ménagère prenant la peine de laver elle-même le linge de la maison, soit chez elle, soit au bateau-lavoir ; l'autre n'entraîne pas une dépense particulière. Il est rare que les ouvriers fassent du feu *à seule fin* de se chauffer. Le poêle-cuisine,

allumé deux fois par jour pour pré-
parer les repas, sert en même temps
de calorifère. Et, à vrai diré, le résultat est généralement assez satisfaisant,
sauf peut-être pour l'odorat. Dans
l'intervalle des deux feux, la mère de
famille qui travaille à la maison se
contente fort bien d'une chauffe-
rette.

Bref, pour le vêtement et les
menues dépenses qui s'imposent
rigoureusement dans un ménage,
c'est au minimum une somme de
0,08 à 0,10 centimes par jour et par
personne qui surcharge les 3 fr. et
tant de centimes que coûte au moins
le logement et l'indispensable nourriture : soit, pour un ménage de
quatre personnes un total de 3 fr. 50
par jour.

Et, je ne me lasse pas de le répéter, il faut qu'une ménagère soit bien économe et bien habile pour suffire à peu près à tout avec cette somme. Or, dans une famille où le mari et la femme sont seuls à gagner, 3 fr. 50 représentent, s'ils ne la dépassent, la totalité de ces deux gains additionnés. Car les familles privilégiées sont celles où le mari gagne 4 fr., la femme 1 fr. par jour : total 5 fr. Seulement, il ne faut pas l'oublier, dans une semaine il n'y a que six jours de gain, contre sept jours de dépense. Et ainsi le revenu quotidien n'est somme toute que de six fois cinq francs, 30 fr., divisés par sept, soit 4 fr. 20. Donc, dans ces conditions, une petite famille composée du père, de la mère et seulement hélas ! de deux enfants, balance à peu près ses dépenses par ses recettes.

Quand le mari gagne moins de quatre francs ; quand la femme ne gagne rien ou gagne moins d'un franc ; quand il y a, chose si souhaitable, plus de deux enfants ; quand il faut soutenir un vieux père ou une vieille mère, et ces cas ne sont pas point chimériques, le problème de la vie se complique terriblement ; il serait même insoluble, pour les ouvriers, si personne, d'un côté ou d'un autre, ne venait à leur secours.

Et, qu'on le remarque, je n'ai pas tenu compte de la diminution des recettes qui résulte du chômage ; de l'augmentation des dépenses qu'entraînent divers accidents presqu'inévitables, la maladie de l'un ou de l'autre des membres de la famille ; un de ces événements heureux ou malheureux qui se produisent de temps en temps ; par exemple, le mariage ou l'enterrement d'un proche parent, d'un ami auquel l'ouvrier seul ou avec les siens ne peut se dispenser d'assister, et qui occasionne toujours, outre une perte de temps, quelque dépense extraordinaire.

Je n'ai parlé que des dépenses qui ont pour objet des choses rigoureusement nécessaires ou extrêmement utiles, dont l'ouvrier et les siens ne sauraient être privés sans éprouver une souffrance matérielle. Mais, voyons, est-ce que manger et boire, être abrité et vêtu, c'est tout l'homme, même dans l'ordre purement naturel ? Rassasié et reposé il goûte la joie

négative de ne plus souffrir. Mais
est-ce qu'il n'y a pas d'autres joies,
des joies positives auxquelles il aspire,
et dont il serait fâcheux qu'il fût totalement privé : joies des sens, joies de
l'esprit, joies du cœur? Faire de temps
en temps une lecture amusante, toujours honnête, cela va de soi ; se promener, voir de belles choses, prendre
part à quelque fête religieuse ou profane ; et, pour le dire crûment, manger
sans excès un bon morceau, est-ce
un mal, n'est-ce pas un bien? Or,
aucune de ces joies n'est tout à fait
gratuite ; les fêtes religieuses elles-
mêmes ne le sont pas et ne peuvent
pas l'être. Qui oserait envier toutes
ces joies à l'ouvrier et lui reprocher
de s'en procurer quelques-unes ou de
les désirer ? En vérité, on a mauvaise

grâce à faire la part si maigre au pauvre prochain quand on se fait si grasse part à soi-même : d'avoir besoin de tant de choses superflues, de varier par des plaisirs qu'on va chercher au loin, les plaisirs qu'on trouve à toute heure chez soi, et de juger que l'ouvrier doit s'estimer heureux quand il a, ni plus ni moins, du travail et du pain. Mais beaucoup de gens sont ainsi faits qu'ils ne savent être vertueux et résignés que pour le compte d'autrui.

CHAPITRE III

Impossibilité ou extrême difficulté pour la plupart des familles ouvrières de subvenir à leurs besoins essentiels. Obligation de leur venir en aide.

Il est impossible qu'un homme, un chrétien, ne soit pas ému de la condition des classes ouvrières que je viens de peindre au naturel, en omettant, en adoucissant beaucoup de traits, loin d'en inventer et d'en forcer un seul.

Je ne veux point ici philosopher sur cette communauté de nature et d'origine qui ne permet pas à un homme d'être indifférent aux souffrances du

dernier des hommes. Je ne veux
point rappeler aux chrétiens les liens
nouveaux par lesquels nous sommes
en Jésus-Christ unis plus étroitement
les uns aux autres. Je dis seulement
qu'un homme qui voit souffrir un
homme sans souffrir lui-même a
laissé se dessécher dans son cœur la
fibre la plus noble, la plus humaine,
du cœur humain. Je dis que, membres
d'un corps unique dont le Christ
est la tête, notre insensibilité aux
souffrances de l'un ou l'autre des
membres de ce corps divin, donnerait
à penser que nous sommes des
membres morts ou paralysés. Une
bonne preuve que nous sommes
vivants et sains, c'est que nous
puissions dire comme saint Paul :
« *Quis infirmatur, et ego non infir-*

mor ; qui souffre sans que je souffre ? »

Mais, dira-t-on, les misères maté-
rielles ne sont pas les pires des
misères qui peuvent affliger nos frères
en Jésus-Christ : l'incrédulité, l'impiété, l'immoralité, voilà les maux
dignes de nos plus vives sympathies,
et que nous devons nous appliquer
de toutes nos forces à prévenir ou à
guérir.

Il est vrai que les maux spirituels
sont les pires de tous ; mais les autres
sont bien faits aussi pour nous api-
toyer. Notre Seigneur Jésus-Christ
en a jugé ainsi, et ses pensées et ses
sentiments doivent être la règle et la
mesure des nôtres. Nous lisons au
chapitre XVe de saint Mathieu :

« De pauvres gens ayant avec eux
« des muets, des boiteux, s'appro-

« chèrent de Jésus : ils jetèrent leurs
« malades à ses pieds, et il les guérit.

« Puis, Jésus dit à ses disciples :
« j'ai pitié de cette multitude, voilà
« trois jours qu'ils me suivent, et ils
« n'ont pas de quoi manger. Je ne
« veux pas les renvoyer à jeun, car
« ils succombe, ient en route. Ses
« disciples lui rép ndirent : où trou-
« verons-nous dans ce désert assez
« de pain pour nourrir tant de
« monde? Jésus leur dit : Combien
« avez-vous de pains? Sept répon-
« dirent-ils, avec quelques petits
« poissons. Il ordonna à la foule de
« s'asseoir par terre. Et, prenant les
« sept pains et les poissons, il les
« bénit, les rompit, et les donna à
« ses disciples, et les disciples les dis-
« tribuèrent au peuple.

« Tous mangèrent et burent de
« quoi se rassasier. »

Et ce n'est pas un simple conseil de
perfection que le divin Maître a prétendu nous donner : c'est un devoir
rigoureux qu'il nous impose ; et ce
devoir, malheur à qui ne l'aura pas
rempli !

Nous lisons au chapitre XXVe du
même Évangéliste :

« Quand le Fils de l'homme viendra
« dans sa majesté, accompagné de
« ses Anges, il s'assiéra sur le trône
« de sa majesté.

« Et, tous les hommes de tous les
« temps étant rassemblés devant lui,
« il les séparera les uns d'avec les
« autres, comme un pasteur sépare
« les brebis d'avec les boucs ; les uns
« à sa droite, les autres à sa gauche. »

. . . .

« Et il dira à ceux qui seront à sa
« gauche : Allez loin de moi, mau-
« dits, allez au feu éternel... Car j'ai
« eu faim, et vous ne m'avez point
« donné à manger ; j'ai eu soif, et
« vous ne m'avez point donné à
« boire ;

« J'étais sans asile, et vous ne
« m'avez point abrité ; nu, et vous ne
« m'avez pas vêtu. »

. . . .

« Je vous le dis, en vérité, ce que
« vous n'avez point fait pour l'un de
« ces petits, c'est pour moi-même
« que vous ne l'avez pas fait. »

Ainsi, impiété, injustice, impureté
mises à part, il suffit de n'avoir pas
fait du bien aux pauvres pour être
condamné.

Certes, ce sont les bons chrétiens qui pratiquent le plus et le mieux la vertu de charité. Si les pauvres mettaient dans leur main droite les aumônes de toute sorte qui leur sont faites au nom de Jésus-Christ, par ses conseils et par son ordre, par le mouvement de sa grâce, et dans leur main gauche les aumônes qui leur viennent d'ailleurs, la part de la main droite serait de beaucoup la plus grosse. Il se rencontre pourtant des chrétiens qui se font à ce sujet d'étonnantes illusions; qui ne paraissent pas comprendre que la piété appelle la charité; que la piété volontairement isolée de la charité est une piété incomplète, une fausse piété.

Nous lisons au chapitre x^e de l'évangile S. Luc : « Un homme, dit

« Jésus-Christ, descendait de Jéru-
« salem à Jéricho. Chemin faisant,
« il tomba entre les mains des bri-
« gands, qui le blessèrent, le dépouil-
« lèrent, et le laissèrent demi-mort.

« Un prêtre, qui suivait la même
« route, le vit et passa outre.

« Pareillement, un lévite, étant
« venu à passer, le vit aussi et ne
« s'arrêta pas.

« Mais un Samaritain, qui voyageait
« de ce côté, le vit et fut touché de
« compassion.

« Il s'approcha du blessé, pansa
« ses plaies avec de l'huile et du vin,
« et les banda. Puis, il le plaça sur
« son cheval, le conduisit dans une
« hôtellerie et veilla à ce qu'il ne lui
« manquât rien.

« Et, le jour suivant, il paya l'hô-

« telier et lui dit : Ayez soin de cet
« homme; et tout ce que vous dépen-
« serez pour lui, je vous le rendrai à
« mon retour.

« Et Jésus demanda au docteur
« qui l'avait interrogé : Lequel de
« ces trois hommes a le mieux agi?

« Et le docteur répondit : Celui
« qui a été compatissant.

« Et Jésus ajouta : Allez donc et
« faites de même. »

Nous parlions plus haut de certaines superfluités, ou, comme on
dit, de certaines douceurs que les
pauvres n'ont pas tort de désirer et
qu'il est bon de leur procurer discrètement, quand on le peut.

Il paraît bien que nous n'avons pas
excédé la loi de charité. On lit, en
effet, au chapitre IIe de l'évangile de

S. Jean : « Des noces eurent lieu à
« Cana de Galilée, et Jésus y assista
« avec sa mère et quelques-uns de ses
« disciples. Au cours du repas, le
« vin étant venu à manquer, la mère
« de Jésus lui dit : Ils n'ont plus de
« vin.

. . . .

« Or, il y avait là six urnes de
« pierre qui contenaient chacune
« deux ou trois mesures.

« Jésus dit aux gens de service :
« Remplissez d'eau ces urnes. » Ils
« les remplirent jusqu'au haut.

« Alors Jésus leur dit : « Puisez
« maintenant, et portez au maître
« d'hôtel. »

« Quand le maître d'hôtel eut
« goûté l'eau que Jésus avait changée
« en vin, il fit appeler le marié.

« Et il lui dit : On a coutume de
« servir le meilleur vin le premier ; et
« à la fin du repas on sert du vin de
« moindre qualité. Vous avez fait le
« contraire ; vous avez réservé le bon
« vin pour la fin. »

Je veux bien en convenir, il y a
peu de gens qui soient assez aveugles
pour ne pas reconnaître que le peuple
souffre beaucoup ; assez enfoncés
dans l'égoïsme, assez endurcis par
leur propre bien-être pour ne pas
compatir à ses privations et à ses
souffrances. « Ah ! mon Dieu, que le
pain est cher ! qu'il fait froid ! que
les pauvres qui ne travaillent pas, qui
ne peuvent se vêtir chaudement et
allumer du feu, sont à plaindre ! »
Voilà ce qui se dit couramment dans
la mauvaise saison, et on le pense et

on le sent comme on le dit. Oui, on pense, on sent, on parle ainsi, mais on s'en tient là ; on ne fait rien. Vaine sensibilité contre laquelle l'apôtre saint Jacques proteste en ces termes éloquemment ironiques :

« Un de vos frères, une de vos « sœurs ne sont pas vêtus : ils n'ont « rien à manger.

« Attendris, vous leur dites : Mon « pauvre frère, ma pauvre sœur, « que vous êtes à plaindre !

« Allons — portez-vous bien, « réchauffez-vous et mangez ! Et « vous ne leur donnez rien. A quoi « servent votre attendrissement et « vos belles paroles ? »

A la vérité, Notre Seigneur a dit : « *Quærite primum regnum Dei;* cherchez d'abord le royaume de

Dieu. » Mais, hélas ! il ne faut pas s'y tromper, et il n'y a pas lieu de s'en étonner ; les préoccupations très vives et trop bien motivées de la vie naturelle ne laissent pas à beaucoup de pauvres gens toute la liberté d'esprit et tout le loisir nécessaires pour penser d'abord, comme il conviendrait, aux intérêts supérieurs de la vie surnaturelle. Leur misère est comme un écran opaque qui s'interpose entre leur âme et les choses du ciel. Que ceux qui seraient tentés de se scandaliser d'une telle indifférence se mettent donc à la place du pauvre peuple et qu'ils se demandent si, privés de leur fortune, réduits à travailler et toujours incertains du lendemain, ils ne seraient pas singulièrement distraits de Dieu et de leur avenir éternel, et si leur louable ferveur ne risquerait pas de se refroidir. Mais, au lieu de faire une supposition qui les touche peu parce qu'elle leur paraît trop chimérique, qu'ils se souviennent du trouble que des épreuves moins dures et moins persistantes que celles de nos ouvriers ont jeté plus d'une fois dans leur vie spirituelle.

J'ajoute un dernier mot. Les pauvres sont fort exposés à manquer de confiance dans ces bienfaiteurs trop épurés, qui n'ont de souci que de leurs intérêts éternels, à méconnaître et à suspecter un dévouement qui manque toutes les occasions de s'exercer au profit de la vie présente. Celui-là seul aurait qualité pour mépriser la pauvreté, les privations et les souffrances des autres et n'attacher d'importance qu'aux biens éternels, qui aurait d'abord renoncé pour son propre compte à toutes les jouissances d'ici-bas.

Venons donc enfin à la pratique, et voyons quels services effectifs nous pouvons rendre à ces pauvres qui, déjà par nature, sont nos semblables, nos frères, et dont la cause et la personne même se confondent avec la cause et la personne de notre Dieu.

CHAPITRE IV

Divers services à rendre aux familles ouvrières. Premier service : conseils, exhortations aux hommes. Défauts et vices aussi contraires à la morale qu'à l'économie domestique.

Le premier service que nous devons leur rendre, c'est de les exhorter à ne pas se manquer à eux-mêmes ; à ne pas aggraver par leur fauté leur pénible situation.

Leurs recettes ne sont déjà que trop modiques : qu'ils ne les amoindrissent pas comme à plaisir. Leurs dépenses nécessaires sont proportionnellement très considérables : qu'ils ne les surchargent pas de dépenses dont l'objet est mauvais ou futile.

Les ouvriers, disons mieux, beaucoup d'ouvriers amoindrissent leurs recettes par la perte volontaire d'une journée ou d'une demi-journée de travail, chaque semaine. Je crois que, sur ce point, il s'est opéré, il tend à s'opérer une heureuse réforme dans les mœurs ouvrières. Le nombre des ouvriers qui ne travaillent pas le lundi est moins considérable qu'autrefois ; soit parce que les patrons sont devenus moins tolérants, soit parce que les ouvriers ont plus de souci de leurs véritables intérêts. Il s'en faut bien pourtant que cette détestable pratique soit tombée complètement en désuétude. Pour mon compte, à deux reprises différentes, j'ai fait exécuter d'importants travaux de construction ou de réparation. Or, pendant trois mois consécutifs, j'ai eu le chagrin de constater que le chantier était désert ou languissant le lundi toute la journée ou à partir de midi. Je me suis permis quelquefois, le mardi matin, non pas d'adresser des reproches aux délinquants, je n'en avais point le droit, et j'aurais été mal reçu ; mais, au cours d'une conversation amicale, de leur faire remarquer que leurs vacances de la veille leur avaient causé une perte de 4 fr. ou de 2 fr. ; qu'une somme de 4 fr. ou de 2 fr. multipliée par 52, nombre des semaines de l'année, donnait un total de 200 et de 100 francs. Ils sauraient tant de gré à quelqu'un qui leur assurerait une rente annuelle de 200 ou de 100 fr.

Que ne commençaient-ils par se l'assurer à eux-mêmes?

Si encore ils avaient tous passé cette malheureuse journée du lundi à se promener à la campagne, ou à pêcher à la ligne! Mais les promeneurs et les pacifiques pêcheurs forment l'exception! Les habitués du lundi ne manquent guère de faire coup double : ils ne gagnent rien, et ils dépensent beaucoup. Ils vont au cabaret, et souvent de cabaret en cabaret; à moins que ce ne soit à leur *société*, lieu de réunion que l'on ne saurait désapprouver, que l'on pourrait même favoriser, s'il ne s'ouvrait qu'à certains jours et à certaines heures, et si les jeux fort honnêtes, jeux de boule, jeux de cartes auxquels les sociétaires ont coutume de se livrer, étaient moins copieusement arrosés. Or, cabaret ou société, ceux qui dans la journée du lundi dépensent en boissons, et quelles boissons ! moins de deux francs sont les plus raisonnables ou les moins déraisonnables des buveurs.

Je parle ici principalement d'économie domestique et de bien-être matériel ; je ne puis m'empêcher de parler, j'ai même le devoir de parler de la dignité humaine avilie, de l'autorité conjugale et paternelle compromise par ces déplorables excès. Quoi de plus navrant que de voir le lundi soir ces malheureux ouvriers, qui ont perdu leur temps et gaspillé en dégoûtantes et coûteuses orgies l'argent nécessaire à leur subsistance et à celle de leur famille, quoi de plus navrant que de les voir rentrer à la maison ivres, chancelants et, selon leur tempérament, les uns hébétés, stupides, les autres furieux, brutaux et dangereux ! Quel supplice, quel sujet de dégoût et d'aversion pour une femme de cœur ! Et, pour les enfants, quel exemple et quel échec à la piété filiale !

Encore une fois, le lundi ne se fait plus aussi communément qu'autrefois. Mais beaucoup d'ouvriers, et non des plus mauvais, ont conservé une autre habitude aussi funeste, et peut-être encore plus dispendieuse : c'est d'aller le samedi soir, après la paie de la semaine ou de la quinzaine, passer une heure ou deux au cabaret. Pauvres gens ! s'il ne s'agissait que de se réjouir un instant, de boire un ou deux verres de vin avec les amis, et seulement d'écrémer la malheureuse paie, il n'y aurait pas grand mal. Mais ici la tentation est bien forte, et le péril plus grave que le lundi. Le lundi, pour s'amuser, il faut, il fallait se réserver quelque argent ou en demander à la ménagère, qui multipliait les représentations et les reproches et opposait à des supplications ou à des exigences indiscrètes une résistance partiellement victorieuse. Au contraire, le samedi soir l'ouvrier a le gousset garni : s'il est payé à la semaine, il dispose de 20 ou 25 francs ; de 40 ou 50 fr., s'il n'est payé qu'à la quinzaine. La passion de la boisson, l'amour-propre, les mauvais conseils, les mauvais exemples, tout se réunit pour l'entraîner et le mener fort loin. Au bout de deux heures, une brèche énorme a été faite à sa petite fortune : si le jeu s'en mêle, et il s'en mêle souvent, c'est quelquefois la ruine totale. Les pauvres femmes ne le savent que trop. On s'attriste, on s'indigne, on pleurerait à les voir, les soirs de paie, rôder autour de l'affreuse buvette, épier *leur homme* qui s'oublie et qui oublie les siens, frapper timidement aux vitres pour le rappeler à l'ordre, ou même s'enhardir jusqu'à allonger la tête par la porte entr'ouverte, et quelquefois aller jusqu'à lui au milieu des buveurs, l'adjurer, ou, poussées à bout, lui faire une scène pour le décider à rentrer à la maison où, par sa faute, tout va manquer.

Hélas ! je ne raconte ici que ce que

j'ai vu cent et cent fois dans le cours de mon long ministère. Et, lorsque la triste fête étant passée, on trouve une occasion favorable, et, en prenant la peine de la chercher, on a chance de la trouver, quel service on peut rendre à ce malheureux ouvrier, victime d'entraînements funestes auxquels, surtout dans les premiers temps, il cède à regret et par respect humain ; quel service on peut lui rendre en faisant appel, à son honneur, à sa conscience et à son cœur ! Les bons conseils ne sont pas toujours bien accueillis, ni suivis d'un effet immédiat ; mais enfin la vérité est dite, et une bonne semence destinée à lever plus tard a été jetée dans ces pauvres âmes plus faibles que perverses, et toujours moins mauvaises au fond qu'à la surface.

Au risque de n'être pas écouté, ou de provoquer des éclats de rire mêlés de vives protestations, je signalerai une autre dépense que je ne condamne pas absolument, que je ne conseille pas de supprimer, mais qui pourrait être réduite de moitié et même plus. Les ouvriers fument beaucoup. Ils font comme tout le monde. Qui est-ce qui ne fume pas, aujourd'hui ? On commence à quinze ans au plus tard, non pas par goût, mais par genre. La première cigarette, la première pipe ne cause aucun plaisir ; au contraire. Nos jeunes débutants ne peuvent nier qu'ils éprouvent d'abord une sensation plutôt désagréable et un pénible malaise. Mais le désir de poser à l'homme et de faire comme

les autres les aide à prendre le dessus
et à persévérer avec un courage
presque toujours suivi d'un plein
succès. Le dégoût cesse : le goût naît
peu à peu ; l'habitude se contracte.
Bientôt c'est un besoin plus impérieux, comme la plupart des besoins
artificiels, que les besoins de la nature,
le besoin de boire et de manger. Après
deux longs jeûnes, l'un de pain,
l'autre de tabac, beaucoup de fumeurs
laisseraient le pain pour courir
d'abord au tabac.

Plaisir bizarre, mais, en vérité,
plaisir tout à fait innocent, et qui sait ?
plaisir qui répond peut-être à quelque
secret appétit des sens et de l'imagination ; autrement, on aurait peine à
s'expliquer une habitude si univer-
selle, si facile à prendre et si chère à

tous ceux qui l'ont prise. Dans tous les cas, il serait ridicule autant qu'inutile de jeter les hauts cris à ce propos et de faire appel à la morale. Aussi, ce n'est pas à l'usage du tabac que je conseillerais aux ouvriers de 1 enoncer, mais seulement à l'abus. De pipe en pipe, un fumeur en vient quelquefois à fumer presqu'aussi constamment qu'il respire, et à consommer, ou mieux à consumer quotidiennement jusqu'à 0 fr. 15 et 0 fr. 20 de tabac. Sans être grand clerc en la matière, je ne puis m'empêcher de penser que ce plaisir pris plus discrètement n'en serait que plus savoureux. Mais, à coup sûr, poussé à cet excès il est vraiment trop dispendieux. Si, en effet, la dépense quotidienne paraît minime, additionnée au bout de l'année, elle donne un total de 60 et 80 francs et davantage. En se réduisant à une demi-ration, un ouvrier économiserait donc annuellement une somme de 40 ou 50 francs. J'ai souvent proposé ce calcul à d'enragés fumeurs. On a trouvé qu'il était juste et plusieurs fois, à ma connaissance, il a servi à quelque chose. Il faut savoir se contenter d'un modeste résultat.

Une autre habitude moins commune, mais aussi moins digne d'indulgence, c'est celle de *la goutte* quotidienne, je veux dire l'habitude d'absorber tous les jours, le matin avant de se mettre au travail, ou à midi après le déjeuner, et trop souvent le matin et à midi, un ou deux petits verres de ces abominables poisons, si improprement appelés *eau-de-vie*. Quand encore cette *goutte* se prend à la maison, il n'y a que demi-mal. Il est rare que l'on fasse de grands excès à la maison. Mais, à la buvette, chez le marchand de tabac qui se double d'ordinaire d'un débitant, l'inconvénient est plus grave. Sans vouloir faire aux ouvriers un cours d'hygiène et d'économie domestique, on pourrait leur représenter que cette goutte (goutte, on l'entend bien, est une expression adoucie pour dire une forte ration d'alcool de toute couleur, de toute origine et de tout nom) est aussi préjudiciable à leur santé qu'à leur bourse. Je le disais un jour à un demi-ivrogne qui, pour justifier la consommation vraiment excessive qu'il faisait d'une certaine liqueur décorée du nom de rhum, prétextait le besoin de se donner des forces : « Mais, mon bon ami, votre prétendu rhum n'ajoute rien à vos forces. Il les surexcite sur le moment, mais, l'instant d'après, vous vous retrouvez aussi faible qu'auparavant. Vous êtes comme quelqu'un qui, au lieu de vivre vaille que vaille de son petit revenu, entamerait son capital. Pendant quelque temps, il aurait l'illusion de la richesse ; en réalité, il s'appauvrirait de jour en jour, et il ne tarderait pas à être ruiné. C'est bien le cas de dire, allez : de goutte en goutte, vous gaspillez votre capital de forces. »

Nuisibles à leur santé, ces gouttes répétées ne le sont pas moins à leur bourse. Voyez, en effet, c'est toujours là qu'il faut revenir, quelle dépense annuelle résulte, je ne dis même pas de l'abus, mais de l'habitude journalière du petit verre : 0,10, 0,15 centimes par jour : total à la fin de l'année, 40 ou 50 francs par an. Si nous additionnons cette somme avec celle qui pourrait être réalisée par un usage plus modéré du tabac, nous obtenons pour l'année entière une somme totale de 80, 100 et 150 francs que beaucoup d'ouvriers, d'ailleurs laborieux et honnêtes, pourraient économiser sans s'imposer une souffrance et une véritable privation.

Et si l'on songe que les habitués du lundi ne sont, tant s'en faut, ni moins fumeurs, ni moins adonnés à la goutte de tous les jours que ceux de leurs camarades qui s'en tiennent à ces deux derniers défauts, on arrive avec eux annuellement au chiffre exorbitant de 200 et même 300 francs, représentant ce qu'ils négligent de gagner et ce qu'ils dépensent sans aucune utilité.

Les ouvriers se plaignent de l'extrême modicité de leurs salaires dont les plus élevés répondent à peine à leurs besoins les plus impérieux. Je m'associe de tout mon cœur à leurs plaintes. Et ici, je puis bien le dire, non pour me glorifier, mais pour prouver la sincérité de ma compassion, toutes les fois qu'un ouvrier, un journalier qui avait travaillé pour moi me présentait sa note, je me faisais un devoir de la régler promptement sans la discuter, et très souvent un plaisir d'y ajouter un petit supplément. Mais, en vérité, j'ai été quelquefois, je ne dis pas toujours, j'ai été quelquefois attristé, sinon découragé, en constatant que mes modestes largesses servaient, non à accroître le bien-être de la famille, mais à multiplier ces vaines dépenses contre lesquelles je viens de m'élever en des termes, où, je l'espère, on n'aura pas trouvé la moindre trace d'amertume. Que les ouvriers s'efforcent donc de corriger des habitudes vicieuses qui augmentent leur détresse, qui refroidissent le zèle de leurs meilleurs amis, qui font la partie trop belle à ceux qui saisissent avidement tous les prétextes pour se dispenser de leurs imprescriptibles devoirs de charité et même de justice envers les pauvres ouvriers.

CHAPITRE V

Vertus domestiques d'un très grand nombre de femmes du peuple

Mais ce n'est pas seulement aux hommes qu'il faut attribuer la détresse où nous voyons réduites un si grand nombre de familles populaires. Les femmes ont souvent leur part de responsabilité, et plusieurs ne doivent s'en prendre qu'à elles-mêmes de certains excès auxquels elles reprochent à leurs maris de s'abandonner.

Qu'on m'entende bien. Il m'est arrivé déjà plus d'une fois, après avoir signalé quelques désordres, d'ajouter : « Ce n'est pas la règle ; c'est plutôt l'exception. » Cette réserve s'impose ici plus que jamais. Beaucoup de femmes du peuple, ce n'est pas assez dire, la plupart des femmes du peuple sont très laborieuses, très économes, soigneuses, propres et, somme toute, douées d'assez de qualités d'esprit, de cœur et de caractère, pour qu'avec elles la vie puisse être facile et même très agréable. Il n'en manque pas qui sont dignes d'une véritable admiration, et presque de vénération, tant elles pratiquent constamment, et jusqu'à l'héroïsme, toutes les vertus domestiques, la résignation, l'abnégation, le dévouement, la patience, le pardon des injures. J'ai pensé et j'ai dit quelquefois que, si des juges bien renseignés, clairvoyants et équitables comme le Juge futur, instituaient dès ici bas un concours et distribuaient des prix de vertus, telle et telle épouse, telle et telle mère, inconnues ou méconnues, arriveraient en bon rang sur la liste des lauréats. Ceux qui comme moi ont pu suivre ces admirables femmes dans les moindres détails de leur existence porteront, j'en suis sûr, le même jugement. Pour renseigner les personnes qui ne les ont pas vues à l'œuvre, ou qui ne les ont pas observées assez attentivement, qu'il me soit permis de tracer le programme d'une de leurs journées : toutes les journées se ressemblent ; si l'on en connaît une seule, on les connaîtra toutes, et l'on sera en mesure d'apprécier le mérite de leur vie entière.

Levées d'assez grand matin, en hiver comme en été, elles se hâtent de vaquer pêle-mêle aux soins compliqués du ménage. Elles allument le fourneau et préparent le premier déjeuner de la famille ; elles brossent les vêtements, nettoient les chaussures ; elles vont, viennent, toujours faisant, toujours disant, empressées, non moins pressantes. Elles secouent, tournent et retournent les lits, au fur et à mesure que les enfants en sortent ou en sont tirés ; elles surveillent la toilette des uns, font vivement celle des autres. Tout le monde mange : elles avalent elles-mêmes une assiette de soupe ou une tasse de café. Le mari parti, il reste encore un peu de temps : elles en profitent pour dépêcher à l'école les grands garçons et les grandes fillettes, elles conduisent ou portent les bébés à l'asile ou à la crèche. En revenant, elles vont aux provisions. Après force discussions avec les marchandes qu'elles accusent de vendre trop cher, et qui ripostent en les accusant de vouloir tout pour rien, elles rentrent à la maison chargées d'un gros pain, d'un petit morceau de viande, d'un tas de légumes. C'est alors qu'elles mettent la dernière main au ménage : la place, c'est ainsi qu'on appelle la partie libre du sol de la chambre, la place est balayée à fond, les couvertures des lits sont soigneusement tirées, les rideaux symétriquement plissés ; en quelques coups de torchon, les meubles, les bois de lits, l'armoire, la commode, le buffet, les barreaux des chaises deviennent luisants à s'y mirer. Et là, où l'on ne se pique pas

seulement d'être propre et convenablement pourvu d'objets utiles, mais
où l'on se permet un brin de luxe,
d'abord une glace, et puis des images,
des statuettes, des bibelots, qui
éclatent en couleurs violentes le long
des murs ou se torturent en atti-
tudes et en formes bizarres sur les
meubles, sont rangés, redressés,
époussetés. Il est temps d'apprêter le
grand déjeuner pour toute la famille
qui reviendra affamée vers onze
heures. En effet à onze heures, ou un
peu plus tard, mari, femme, enfants
se mettent à table ; tout le monde
mange de bon appétit une soupe
copieuse et un ragoût quelconque de
proportions plus modestes, mais de
si bonne odeur et de si bonne mine,
qu'arrivant d'aventure pendant le

déjeuner, j'aurais volontiers pris ma part du festin. En une demi-heure, le repas est expédié. Le père retourne à son travail, la mère dessert la table et remet tout en place, pendant que les enfants babillent, jouent un instant et essaient de jouer longtemps. Mais, de gré ou de force, ils reprennent bientôt le chemin de l'école. A une heure, la femme est libre, c'est-à-dire libre de travailler. De ménagère qu'elle a été toute la matinée, elle devient ouvrière pour tout le reste de la journée. Elle lave, elle raccommode, elle confectionne le linge et les vêtements de la famille ; ou bien, elle tire l'aiguille ou fait nerveusement galoper la machine à coudre pour le compte de la pratique ou du patron. A certains égards, c'est pour elle le bon moment : en travaillant, elle économise ou elle gagne. Mais ces longues heures de l'après-midi apportent aussi leurs amertumes. Les étoffes qu'elle découpe et les points qu'elle aligne ne captivent que ses yeux et ses mains ; ses pensées restent libres et, de quelque côté qu'elles se tournent, elles rencontrent tant de sujets de tristesse et d'inquiétude ! Le présent ne tient pas toutes les promesses du passé, et c'est en partie la faute de celui en qui elle avait eu une confiance aveugle. L'avenir, l'avenir prochain, l'avenir lointain, est mêlé d'espérances et de craintes, un peu comme ce ciel où, en levant les yeux par instants, elle voit assez de bleu et assez de noir pour présager à chances égales le beau et le mauvais temps.

Tout cela dure cinq ou six heures, avec de courtes interruptions pour apprêter le repas du soir. On dîne en famille vers sept heures. Dans la belle saison, on se permet quelquefois une petite promenade : mais d'ordinaire en tout temps, et toujours en hiver, la mère se remet au travail pendant que les enfants font les devoirs et apprennent les leçons du lendemain et que le père fait ce qu'il veut : hélas ! il ne veut pas toujours ce qu'il devrait. Les enfants déshabillés et couchés, nouvelle reprise du travail jusqu'à neuf heures, dix heures et souvent plus tard.

Je ne dis pas qu'il n'y ait pas quelques ombres à ce tableau et qu'à toutes ces belles et bonnes œuvres ne viennent jamais se mêler d'autres œuvres moins louables. A la maison on s'agite outre mesure, on s'impatiente, on s'emporte, on élève la voix plus haut qu'il ne conviendrait, on dit cinquante paroles quand il n'en faudrait que quatre ou cinq, ou même quand il n'en faudrait point du tout ; les enfants étourdis ou indociles reçoivent mal à propos quelques bourrades et quelques coups. On bavarde à l'occasion avec les voisines et, sans assassiner le prochain, on lui décoche quelques traits que ni la charité, ni la justice n'ont fournis ; et d'autres peccadilles. Mais à prendre dans son ensemble la vie de ces épouses, de ces mères, à n'en considérer que les grandes lignes, on ne peut se défendre de l'admirer. Quel courage ! quelle énergie ! quel infatigable dévoûment ! Si le Divin témoin qui du haut du ciel suit attentivement tous les mouvements de ses créatures se découvrait à nos yeux, nous le verrions sans doute habituellement contempler en souriant ces humbles travailleuses et incliner sa tête en signe d'approbation. Et qu'on y songe ; ce n'est pas la description d'une journée, c'est la description de la vie entière de ces nobles femmes, que nous venons de tracer. Ce qu'elles font aujourd'hui, elles le font depuis dix et quinze ans ; elles continueront de le faire sans relâche pendant quinze et vingt ans. Et encore ces années si laborieuses sont la meilleure partie de leur existence. Les enfants élevés et dispersés, la pauvre mère, mère sans enfants et devenue vieille femme doit continuer de se livrer à des travaux monotones, sans être égayée désormais par le jeune et aimable entourage d'autrefois, ni soutenue par la perspective d'un but à atteindre. Trop heureuse encore quand l'unique récompense qu'elle avait ambitionnée, la bonne conduite, la prospérité et l'affection de ses enfants et de ses petits-enfants ne lui fait pas défaut.

CHAPITRE VI

Imprévoyance, négligence, incurie de certaines mères de familles

Le portrait que nous venons de tracer de la mère de famille intelligente et laborieuse convient à la plupart de nos femmes du peuple : il faut avouer pourtant que plusieurs ne doivent pas s'y reconnaître.

Quelques-unes, pleines d'ailleurs de bonne volonté, et, comme on dit, désireuses de faire honneur à leurs affaires, commettent une grave erreur économique extrêmement préjudiciable à leurs véritables intérêts. Pour grossir le plus qu'elles peuvent le maigre salaire de leurs maris, elles se livrent exclusivement à des travaux extérieurs et négligent des travaux intérieurs qui, sans doute, ne rapportent point d'argent, mais empêchent d'en dépenser beaucoup. Toutes préoccupées de servir le client étranger, elles ne se rendent pas compte que le premier et le plus profitable de tous leurs clients, c'est elles-mêmes, leur mari et leurs enfants. Et ainsi, faute de temps pour entretenir le linge et les vêtements de la famille, elles sont réduites ou à s'adresser à des ouvriers et des ouvrières qui coûtent fort cher et ne s'ingénient pas comme une mère de famille pour ménager et tirer parti de tout : ou à laisser tout en souffrance, et c'est ce second cas qui est le plus fréquent. Qu'arrive-t-il alors ?

Linge, literie, vêtements sont promptement fanés, malpropres, déguenillés : on se sert des uns et l'on porte les autres tant qu'on peut. Mais enfin, tout finit par s'user à fond et devient hors d'usage. Bon gré mal gré, il faut acheter du neuf, et il se trouve que l'on dépense en gros, et bien au-delà, ce qu'on avait cru économiser en détail. Et encore, comme on n'a pas le moyen de renouveler d'un seul coup toute la garde-robe, on va au plus pressé : on n'achète que morceau à morceau et l'on n'obtient que des résultats incomplets, qui seraient souvent risibles s'ils n'étaient pas pitoyables. C'est ainsi qu'un homme ou des enfants coiffés d'une casquette ou d'un chapeau neuf seront vêtus d'une blouse ou d'un paletot minables et chaussés de souliers qui attendent impatiemment le moment d'être mis au repos, c'est-à-dire, au rebut.

Et la pauvre cuisine! Elle est encore plus négligée. On va au plus tôt près! L'inévitable soupe mal soignée, est toujours faite pour deux fois afin de gagner du temps. Fraîche, elle est encore passable; mais réchauffée, bouillie et rebouillie, elle ne vaut guère. Comme on ne vit pas seulement de soupe, on l'accompagne de quelqu'un de ces mets qui demandent peu d'apprêt, qui cuisent tout seuls, me disait naïvement une bonne ménagère; ou bien, ce qui est le cas le plus fréquent, de viande froide, de charcuterie, médiocre nourriture, mais surtout nourriture dispendieuse, le marchand de viande cuite se faisant naturellement payer sa marchandise, son travail et ses frais d'étalage.

De la meilleure foi du monde, ces excellentes femmes commettent une grave erreur et font un faux calcul, qui appellent des observations et des leçons d'économie sérieuses mais amicales. Les reproches et les sévérités doivent être réservés pour d'autres mères de famille dont l'incurie, la négligence, la paresse sont véritablement coupables et entraînent les plus fâcheuses conséquences.

Dans un grand nombre de quartiers, dans presque toutes les rues, l'on rencontre quelque ménage ouvrier qui végète et souffre dans une misère dont la femme est uniquement ou principalement responsable. Avec ses couleurs sombres, et même poussées, pour ainsi dire, jusqu'à l'extrême noir, le tableau que je vais peindre ne sera point œuvre d'imagination. Je le compose d'après nature. Plus de vingt modèles ont posé devant moi, et il suffira d'adoucir quelques nuances, et de jeter çà et là un peu, très peu de jour, pour avoir la représentation fidèle de plus de vingt autres intérieurs de ma connaissance.

Il y a des femmes qui ne font rien, absolument rien d'utile ; ou, si l'on veut, qui ne font que ce qu'il est de toute impossibilité de ne pas faire. De travail à la maison, ou au-dehors pour le compte d'un patron, soit qu'elles n'aient jamais appris, soit qu'elles aient désappris, soit plutôt qu'elles ne s'y prêtent pas, il n'est jamais question. Mais ce travail domestique qui s'impose à une mère de famille, et auquel toutes les femmes sont aptes, lavage, raccommodage, soins divers du ménage, est aussi complètement négligé. Ceux qui ont eu occasion de pénétrer à l'improviste, ou même à l'heure où ils étaient attendus, dans un de ces intérieurs, ont été témoins, comme moi de choses véritablement stupéfiantes.

A deux heures de l'après-midi, et plus tard, les lits ne sont pas faits ; les draps, les couvertures, et quels draps et quelles couvertures ! tout au plus relevés, et rejetés les uns sur les autres, ou pendant piteusement jusqu'à terre, forment un fouillis hideux et dégoûtant ; la place n'a pas été balayée, des détritus de toute sorte et de tout âge s'y étalent à leur aise; sur la table graisseuse, les restes du déjeûner attendent l'heure du dîner, confondus avec divers débris hors d'usage; sur les meubles, à terre, s'entre-mêlent les objets les plus disparates et, en vérité, jusqu'aux ustensiles qu'il convient de cacher, après les avoir préalablement purifiés.

Une femme m'avait prié de lui procurer du travail, à elle et à sa fille aînée. J'allai chez elle pour lui rendre compte du résultat de mes démarches. Sa maison me parut le type par excellence des affreux logis que je viens de décrire : « Dans trois jours, lui dis-je, vous aurez de l'ouvrage. Mais d'ici là, je vous occuperai, si vous le voulez, à un petit travail facile et avantageux. Balayez, nettoyez, rangez tout dans votre chambre, je vous paierai à chacune un franc par jour. »

Je fus appelé ailleurs pour administrer un moribond. La pauvre femme désolée, écroulée sur une chaise, était hors d'état de me rendre aucun service. « Je me charge de tout, lui dis-je. Dites-moi seulement où je trouverai une mie de pain pour m'essuyer les doigts après l'Extrême-Onction. » Elle me montra le buffet que j'ouvris sans défiance. De ce buffet, où depuis trop longtemps fermentaient dans des plats et sur les planches des débris très variés et qui n'était pas seulement un garde-manger, se dégagea soudain une telle odeur, odeur singulièrement complexe, que je reculai vivement, en faisant un haut-le-corps, et je pensai vomir.

Une autre fois, à peine entré dans un appartement, je n'eus rien de plus pressé que de courir au lit du malade, que je recouvris de mon mieux, et puis d'ouvrir précipitamment la fenêtre pour nous procurer à tous un air pur, ou du moins respirable. Contre toute apparence, ce malade revint à la santé, et pendant la convalescence je le visitai de temps en temps. On avait tenu compte de ma petite leçon : l'odeur n'était plus insupportable, seulement la maison n'était guère soigneusement balayée. Je me permis d'en faire l'observation. Là encore, pendant quelque temps, je crus avoir gain de cause : le carreau de l'appartement était redevenu visible ; mais un beau jour, arrivant à l'improviste, je surpris mon élève en train de pousser à grands coups de balai la poussière et les ordures sous le lit et sous les meubles.

Mais enfin, dira-t-on, à quoi ces pauvres femmes passent-elles donc leur temps ? A quoi ? A bavarder, à flâner. Quelques-unes ont la passion ou la manie de la lecture : elles dévorent chaque matin les feuilletons niais ou mauvais qui traînent à l'étage inférieur des journaux à un sou : elles en empruntent, elles en achètent, et celles qui n'achètent qu'un journal par jour sont les plus modérées. J'en ai connu deux ou trois qui donnaient à corps perdu, c'est bien le cas de dire, dans la dévotion extérieure.

Elles venaient dès le matin chercher Dieu à l'Eglise, à l'heure où elles l'auraient trouvé chez elles dans l'accomplissement de leurs devoirs d'état. Il n'y avait pas d'office, auprès et surtout au loin, où elles ne fussent assidues. En pleine après-midi, à l'heure du travail, elles prolongeaient des exercices, fort louables quand ils sont faits à propos, mais qui n'étaient pour elles qu'un passe-temps ou un tue-temps.

Cette fainéantise est féconde en misères de toute sorte. Misère matérielle. Tout le monde est mal à l'aise dans ces tristes logis où rien n'est à sa place, où tout est laid, tout est sale, où le désir le plus modeste et le plus légitime de bien-être n'obtient jamais aucune satisfaction. Les enfants mal soignés, mal nourris, mal vêtus languissent et s'étiolent. Ils prennent fatalement l'habitude de la négligence dont ils sont les témoins et les victimes, et ils sont ainsi préparés à fonder à leur tour des familles aussi misérables que celles où ils ont été élevés. Mais aussi, misère morale. Certes, je ne prétends pas que l'ordre matériel garantisse absolument la vertu de ceux qui s'y adonnent. Non, je ne prétends pas cela. La malpropreté morale n'est point incompatible avec la propreté physique. Je dis seulement qu'il y a un laisser-aller, une grossièreté, un désordre matériel qui incline ou du moins qui aide au vice. Que l'on fasse, si on le veut, la statistique des jeunes gens ou, pour dire crûment le mot, des vauriens des deux sexes dont la perversité précoce étonne et afflige, et l'on verra d'où le plus grand nombre est sorti.

C'est la même chose, ou plutôt c'est encore pire pour le mari. Comment veut-on qu'un pauvre homme qui rentre chez lui le soir après une longue journée de travail, lassé, accablé, avide de repos et d'un peu de joie, se plaise et se récrée dans un intérieur tel que ceux dont j'ai fait la description? Comment veut-on qu'af-famé et ne trouvant pour tout potage, quand il trouve quelque chose, qu'une détestable soupe, on pourrait dire, une pâtée fade et répugnante, avec un peu de mauvaise viande ou de légumes mal apprêtés, il ne soit pas tenté d'aller au dehors chercher quelques dédommagements ? Une bonne commère devant qui je plaignais le sort de sa voisine dont le mari se permettait de trop fréquents écarts, me répondit vivement : « Eh ! Monsieur, quoi d'étonnant ? Quand le pauvre homme rentre le soir, il trouve toujours le plus chaud sous la seille ! »

La *seille*, en langage populaire, c'est le seau de bois ou de fer-blanc qui contient la provision d'eau nécessaire au ménage. Il est certain que le dessous d'une *seille* est un mauvais garde-manger.

Je me suis peut-être arrêté trop longtemps à décrire, et presque à flétrir un type de femme qui, heureusement, n'est pas le plus commun.

CHAPITRE VII

Leçons élémentaires et familières d'économie domestique et sociale, à donner aux ouvriers.

On rendrait encore aux ouvriers un réel service, je ne dis pas, en leur faisant des cours suivis d'économie sociale et politique, mais en attirant leur attention sur certaines vérités de pur bon sens, sur certains faits économiques qui ne manqueraient pas de les frapper, et qui les détourneraient de concevoir des espérances chimériques ou trop hâtives, et surtout, sous prétexte d'améliorer leur situation, de commettre des imprudences, des injustices et des violences dont ils sont toujours les premières victimes.

Faut-il le répéter pour la dixième fois ? Leur condition actuelle est trop précaire : elle ne doit pas être définitive. De grands progrès ont été déjà réalisés, de plus grands progrès seront réalisés. Il est souhaitable qu'il vienne un temps, et, par l'effet de causes diverses que je me propose d'étudier dans un autre ouvrage, il viendra un temps où les travailleurs seront plus heureux, où il ne tiendra du moins qu'aux travailleurs de bonne volonté d'être plus heureux qu'ils ne le sont aujourd'hui, nous sommes tous d'accord sur ces deux points. C'est sur le choix et l'efficacité plus ou moins sûre et plus ou moins rapide des moyens à employer, que les dissentiments commencent. — Sans en chercher si long, diront des ouvriers, qu'on double, qu'on élève notablement nos salaires, et tout ira pour le mieux.

Cela n'est pas certain. Un ouvrier de telle profession pourrait gagner beaucoup plus qu'il ne gagne actuellement, sans que sa condition fût réellement améliorée. Car il ne s'agit pas tant pour lui de gagner plus ou moins dans une journée, que de pouvoir acheter plus ou moins avec ce qu'il gagne. Si son salaire est doublé, mais qu'en même temps le prix des objets qu'il a besoin d'acheter soit également doublé, il est évident que sa situation reste la même. Or, il y a de bonnes raisons pour que l'élévation du prix des marchandises, de la plupart des marchandises de première nécessité, suive de près l'élévation des salaires. C'est même logiquement et effectivement ce qui ne peut manquer d'arriver.

Pour me faire mieux comprendre, je citerai l'exemple auquel j'ai eu quelquefois recours dans mes conversations familières avec des ouvriers.

Vous êtes menuisier : vous gagnez 4 fr. par jour. Vous trouvez que ce n'est pas assez : vous exigez 6 fr. : vous les obtenez. Voilà votre gain notablement accru : c'est très bien.

Mais les ouvriers des autres professions ayant les mêmes besoins et les mêmes droits, élèveront les mêmes prétentions. Au lieu de 4 fr., ils exigeront comme vous 5 et 6 fr. : voyez la conséquence. Les patrons de ces

ouvriers, forcés d'élever leurs salaires
dans une forte proportion, devront
pour se dédommager élever le prix
de leurs produits ou de leurs services. Le boulanger, le boucher, le
jardinier vous vendront plus cher le
pain, la viande et les légumes : le
cordonnier vous fera payer 12 fr. les
souliers qui ne vous coûtaient que
10 fr. : et ainsi des divers objets de
consommation. De sorte qu'avec 6 ou
7 fr., vous ne serez pas plus à l'aise
que vous ne l'étiez autrefois avec 4 ou
5 fr. Pour gagner réellement davantage en gagnant 2 ou 3 fr. de plus par
jour, il faudrait que vous ne dépen-
siez pas davantage, c'est-à-dire, il
faudrait que tandis que votre salaire
s'est élevé, celui des autres ouvriers
fût demeuré stationnaire. Cela n'est

pas possible ; la loi qui vous profite devra profiter aux autres : et ainsi, somme toute, il n'y aura eu que des chiffres à changer.

L'inconvénient serait bien plus grave pour les ouvriers des grandes maisons industrielles dont les produits ne trouvent pas sur place une clientèle locale qui ne saurait s'en passer, et qui est obligée de les prendre à n'importe quel prix. Un maçon, un couvreur, etc., pourraient à la rigueur demander des salaires exorbitants. Le client devrait subir leurs conditions, parce qu'il lui est impossible de se passer d'eux : il ne fera pas venir des maçons et des couvreurs du bout du monde, ni même de l'autre extrémité de la France. Il est vrai qu'il aurait la ressource de ne pas faire bâtir : et, en effet, le travail du bâtiment serait singulièrement ralenti, au grand dommage des ouvriers trop exigeants.

Pour les industries qui expédient la plus grande partie, sinon la totalité de leurs produits, sur des marchés lointains où les produits étrangers viennent leur faire concurrence, il en irait tout autrement. Vous fabriquez du fer, des machines, des tissus, etc., vous exigez une grosse augmentation de salaire, en menaçant de vous mettre en grève. De gré ou de force, votre patron vous donne satisfaction. Vous devez comprendre, qu'en même temps qu'il majore votre salaire, il est obligé de majorer le prix de ses marchandises : et, par conséquent, les fabricants étrangers ne payant pas leurs ouvriers plus cher qu'autrefois, vendent à meilleur compte, et attirent à eux toute la clientèle. Ne vous y trompez pas : il n'y a ici, ni patriotisme, ni charité, ni philanthropie qui tienne. L'acheteur ne s'enquiert point de la provenance des objets dont il a besoin : à qualité égale, il ira toujours au meilleur marché. Dans votre petite sphère, vous en faites tout autant. Deux magasins vous offrent de bonnes chaussures, l'un à 10 fr., l'autre à 12 fr., vous donnez la préférence au premier, sans en chercher plus long. Or, votre patron, cessant de vendre, ou cessera de fabriquer, ou sera bientôt ruiné ; dans les deux cas, c'est la ruine pour vous-mêmes.

Je prévois fort bien la réponse que

des ouvriers avisés ne manqueront
pas de me faire : « Votre raisonne-
ment pèche par la base, me diront-ils.
Vous supposez que les patrons ne
peuvent payer leurs ouvriers plus
cher, sans être par la même obligés
de vendre leurs marchandises plus
cher : c'est une erreur. Ils veulent
trop gagner ; et, en effet, ils gagnent
trop. Au prix de vente actuel, il leur
est possible d'élever nos salaires,
sans se ruiner, et sans que leur commerce en souffre. Qu'ils consentent
seulement à réduire à notre profit
leurs bénéfices exagérés. Tout sera
pour le mieux. »

Je le reconnais ; la réponse n'est
pas sans valeur. Il y a quelque chose
à faire de ce côté : et quand le chapitre
des bons conseils à donner aux ou-

vriers sera terminé : quand nous aborderons le chapitre des secours effectifs que la charité et la justice nous font un devoir de leur prêter, nous ne reculerons pas devant la vérité : nous la dirons très franchement, aussi clairement, et aussi fortement qu'il nous sera possible.

Mais auparavant, il importe beaucoup de faire remarquer aux ouvriers que la question n'est pas aussi simple qu'ils le pensent : qu'ils devraient y regarder de plus près, et être mieux renseignés qu'ils ne le sont d'ordinaire sur l'état des affaires en général, et de celles de leur patron en particulier, avant d'élever si impétueusement des prétentions auxquelles il ne serait pas toujours juste ni même possible de donner satisfaction.

Tout d'abord, il est loin d'être prouvé que tous les patrons, que la plupart des patrons réalisent de si gros bénéfices. En voit-on un si grand nombre qui, au bout de trente ou quarante ans, aient amassé une grande fortune, ou doublé la fortune qu'ils possédaient à leurs débuts? Assurément, ce n'est pas la règle. Les embarras et les catastrophes dont nous sommes si fréquemment témoins tendent plutôt à démontrer que le commerce et l'industrie à tous les degrés sont des jeux extrêmement périlleux où l'on a au moins autant de chance de perdre que de gagner la partie.

En second lieu, il ne faut pas faire entrer en ligne de compte parmi les bénéfices d'un patron des revenus qui ne sont pas, à vrai dire, de véritables bénéfices. Je m'explique. Un patron a fondé ou acheté et développé à grands frais un établissement. Il n'est que juste qu'il retire des fonds qu'il a ainsi engagés, un intérêt au moins égal à celui que lui auraient procuré au même prix, des titres de rente ou d'autres bonnes valeurs. Il ne serait même pas juste qu'il n'en retirât pas un intérêt plus considérable; parce que cette valeur industrielle ou commerciale n'est pas comme ces valeurs mobilières, fonds d'État, obligations de chemin de fer, etc., dont le revenu est assuré et invariable, et que l'on appelle assez justement de tout repos. Une crise économique ou commerciale, une guerre, une grève prolongée, et mille accidents qui ne manquent jamais de se produire dans un laps de temps plus ou moins long, font courir à des maisons de commérce, à des établissements industriels, de graves dangers, et compromettent ou laissent improductifs les fonds que ces maisons et ces établissements représentent. Ce sont des risques qui doivent être payés et payés assez cher.

En outre, un patron n'est pas comme un rentier qui touche à époque fixe l'intérêt de son capital, sans se donner aucune peine. Le commerce et l'industrie ne marchent pas tout seuls. Il faut que le négociant et le fabriquant fassent à propos et avec discernement de gros achats de marchandises et de matières premières ; qu'ils s'ingénient pour s'attirer des clients et pour les conserver ; qu'ils luttent sans trêve contre une concurrence de plus en plus active et étendue ; qu'ils dirigent, au prix de quels soucis et de quels efforts ! un personnel nombreux, souvent récalcitrant et sourdement hostile. Si toute peine mérite salaire, assurément celle d'un patron mérite d'être largement rétribuée.

La part faite aux patrons dans ces conditions souverainement équitables, ce ne serait tout au plus que l'excédant des bénéfices qu'il s'agirait de répartir dans une certaine proportion entre les ouvriers et les employés : mais c'est justement ici que les ouvriers doivent être mis en garde contre des espérances illusoires.

Cet excédant de bénéfices qui reste disponible après que les stricts droits

ont obtenu satisfaction, pris en masse,
peut s'élever à un chiffre considérable :
mais, fractionné en autant de parts
qu'il y a d'ouvriers et d'employés
dans une maison, il ne constituerait
pas pour chacun d'eux, même dans
les meilleures années, un accroisse-
ment de salaire aussi important qu'ils
ont coutume de se le figurer. Il est
impossible, on le comprend, de donner
des chiffres précis, ou même approxi-
matifs : les patrons n'ont point l'intention, et ils auraient grand tort, de
communiquer leurs livres de comptes
au public ou à leurs ouvriers. Toutefois, si l'on y tient, qu'on fasse les
suppositions les plus favorables aux
ouvriers : que l'on force, sans aller
pourtant jusqu'à l'extravagance, les
bénéfices disponibles que les patrons

s'adjugent à eux seuls : que l'on divise ces bénéfices par 10, 100 ou 1000, selon le nombre des ouvriers : et l'on verra à quelle somme s'élèvera la part qui reviendra à chacun.

Convenons-en aussi. Il est presque certain que, du moins dans les premiers temps, les ouvriers ne se feraient pas une juste idée de ces bénéfices auxquels leurs patrons consentiraient à les associer. Ils seraient tentés d'assimiler à la rétribution invariable qui leur est assurée, à leur salaire proprement dit, un revenu variable et éventuel. Il y a trente ou quarante ans, le chef d'une grande industrie eut l'idée de faire participer ses ouvriers à ses bénéfices annuels, dans une proportion qu'il se réservait, comme de juste, de déterminer. Leur part ne devait pas être très grosse ; mais enfin, c'était un bon commencement. Les deux premières années, tout alla bien. Il y eut des bénéfices : les ouvriers touchèrent leur petite part, ils étaient enchantés. La troisième année, l'industrie fut en souffrance : point de bénéfices, point de répartition. Immédiatement, indignation, protestations des ouvriers, menaces de grève. On ne les payait plus, on diminuait leur salaire. Le patron se le tint pour dit, il ne fut plus question de participation des ouvriers aux bénéfices.

N'importe. Je persiste à penser et à dire qu'il y a quelque chose à faire, et c'est même de ce côté qu'il y a le plus et le mieux à faire. En principe, une certaine participation des travailleurs à des bénéfices qu'ils ont contribué à créer est juste ; et, en fait, elle serait doublement bienfaisante. Outre qu'elle procurerait un peu de bien être aux ouvriers, elle contribuerait peut-être, qui sait ? à rendre moins vives leurs récriminations en les rendant moins fondées ; à prévenir des conflits qui nuisent à tout le monde ; en un mot, à améliorer les relations entre les ouvriers et les patrons, ou, selon la formule, entre le travail et le capital. L'application du principe est difficile, je le reconnais : l'éducation de l'ouvrier, sur ce point est à peine ébauchée : il y a bien des préjugés et des idées fausses à dissiper. Tout ce qu'on voudra. Mais de ce qu'une chose est difficile à faire, il ne s'ensuit pas qu'on doive renoncer à la faire ; et surtout, de ce qu'un devoir est difficile à remplir, il ne s'en suit pas qu'on soit dispensé de le remplir.

N'anticipons pas. Pour le moment il ne s'agissait que de mettre les ouvriers en garde contre des espérances chimériques ou immodérées, et contre d'injustes prétentions. Nous n'oublierons pas et nous ne manquerons pas de dire en son temps ce qui nous reste à dire.

CHAPITRE VIII

Devant ces diverses misères, il ne s'agit point de faire le dégoûté et l'indigné ; il ne s'agit point de se lamenter et de se rebuter : il faut s'efforcer d'apporter quelques remèdes. D'abord, le remède d'un bon conseil, d'un blâme et quelquefois d'une menace suivie d'effet : « Je veux bien vous aider, mais à condition que vous vous aidiez vous-mêmes. Je ne vous demande pas la perfection, ni l'impeccabilité, mais seulement un peu de bonne volonté. Vos défaillances, surtout dans les premiers temps, ne me décourageront point ; mais j'exige que vos rechutes soient suivies d'un relèvement. Autrement, j'aurais l'air de vous approuver et de payer une prime à votre négligence. »

J'arrive enfin aux secours effectifs par lesquels il convient d'appuyer les bons conseils, et que nous sommes tous obligés de prêter, plus ou moins, selon notre état et selon nos ressources, aux familles nécessiteuses. Ces familles sont secourues par des œuvres de bienfaisance ; elles doivent l'être en outre par la charité indivi-

duelle. Elles le seraient plus univer-
sellement et plus efficacement par un
autre moyen que je me réserve de
proposer dans une autre étude sur
l'assistance des classes ouvrières.

Il existe, à Angers notamment,
plusieurs œuvres de bienfaisance qui
viennent en aide aux pauvres, de
diverses manières. Les unes adoptent
un certain nombre de familles et
les assistent habituellement en leur
assurant une sorte de revenu hebdomadaire ou mensuel qu'elles leur
servent plutôt en nature qu'en argent, sous la forme de bons de pain,
de viande, de chauffage, etc. Les
autres pourvoient à des besoins extraordinaires ou accidentels auxquels
l'économie la plus sévère, et la pratique constante de toutes les vertus

domestiques ne permettraient qu'à grande peine, ou même pas du tout, à un ménage ouvrier de faire face.

Pour ne parler que de celles que j'ai vues fonctionner dans ma paroisse, ou au fonctionnement desquelles j'ai pris une part active, je citerai cinq ou six de ces œuvres.

En premier lieu, le Bureau municipal de Bienfaisance, à propos duquel j'aurai à faire quelques réserves qui seront trop justifiées dans le fond et trop modérées dans la forme pour que personne puisse songer à s'en offenser.

Le Bureau de Bienfaisance assiste à lui seul autant et plus de familles indigentes que toutes les autres œuvres réunies. En 1899, 2.078 familles étaient inscrites sur ses listes permanentes, soit au moins 5.000 personnes. En outre, 336 familles avaient été secourues seulement pendant l'hiver. Le nombre des malades ou infirmes qui reçoivent annuellement des secours médicaux et pharmaceutiques s'élève à 6 ou 7 mille. Pour faire face à tant de dépenses, le Bureau de Bienfaisance dispose de plus de 130.000 fr. : produit des revenus de son capital, des subventions de la Ville, des quêtes, etc. Les ressources seraient encore plus considérables si l'administration de cet établissement n'avait pas été fâcheusement modifiée. Il y a environ vingt ans, les catholiques qui avaient contribué pour une si grande part, dans le passé, à constituer le capital dont le Bureau distribue les revenus aux pauvres,

furent systématiquement exclus de
l'administration, dans la personne
des ministres de la *Religion catho-
lique*, des sœurs de charité et même
des laïcs trop notoirement catholiques. Pour mon compte, j'ai pro-
testé dans une lettre publique contre
une mesure que je taxai, comme je
la taxerais encore, d'inconvenance et
d'injustice. Il était d'ailleurs aisé de
prévoir que les catholiques blessés et
mis en défiance, se détourneraient
d'un établissement où la place qui
leur appartenait leur était refusée, et
reporteraient sur d'autres œuvres
leurs aumônes accoutumées. C'est ce
qui est arrivé. Les legs, les donations
sont devenus plus rares : les souscriptions moins abondantes. La quête
légale qui se fait une fois par an dans

les Églises ne produit presque plus rien. Que de fois j'ai pris en sincère pitié les Dames quêteuses recrutées à grand'peine qui traversaient péniblement les rangs des fidèles sans qu'aucune main s'allongeât vers leur bourse tendue ! Cet état de choses ne laisse pas d'être fâcheux. La charité chrétienne n'a point diminué ses largesses, mais elle est réduite à faire le bien au jour le jour. Le Bureau de Bienfaisance étant le seul établissement de ce genre que la loi autorise à acquérir et à posséder, les dons qu'on lui faisait étaient un bon moyen de constituer au profit des pauvres une sorte de patrimoine durable et toujours grossissant. Ces réserves ne m'empêchent nullement de rendre hommage, je ne dis pas seulement à l'intégrité, mais à l'impartialité de la plupart des administrateurs du Bureau de Bienfaisance d'Angers. Je ne me suis jamais aperçu jusqu'ici qu'une famille pauvre ait été éconduite, parce que le père ou la mère remplissaient leurs devoirs religieux, ou parce que les enfants fréquentaient les écoles libres. Bien plus, mes recommandations très discrètes et assez rares, il est vrai, ont presque toujours été prises en considération. Seulement le passé et le présent ne garantissent pas l'avenir. Les hommes les meilleurs ne valent pas de bonnes institutions : ceux-là passent, celles-ci demeurent.

A côté du Bureau officiel de bienfaisance fonctionnent à Angers plusieurs institutions de charité qui ne relèvent pas de l'autorité civile. Leurs ressources se composent uniquement des cotisations des membres titulaires et honoraires, de dons volontaires toujours incertains et peu considérables, et du produit des quêtes qui se font une fois par an à domicile et dans les Églises. Pour connaître l'histoire de ces institutions, on peut consulter un recueil intéressant de monographies publié à Angers en 1890, sous ce titre : *La Charité à Angers*, tome second.

Je citerai en premier lieu l'œuvre des Conférences de Saint-Vincent-de-Paul, assez connue pour que je sois dispensé d'en parler longuement. De toutes les institutions charitables établies à Angers, c'est, à ma connaissance, celle qui vient au secours des pauvres sous les formes les plus variées. Outre les secours hebdomadaires, consistant toujours en un bon de pain de 1 kil. 1/2, quelquefois en un bon de viande et de chauffage, que le *conférencier* porte lui-même à la famille adoptée, l'œuvre distribue à l'occasion des vêtements et des objets mobiliers. Elle ne se refuse même pas absolument à aider par des dons en argent quelques ménages chargés de famille à payer leur loyer aux deux termes de Noël et de la Saint-Jean. En résumé, nos Conférences de Saint-Vincent-de-Paul rendent aux indigents des services très appréciables. Malheureusement leur budget est trop modeste : comparaison soigneusement faite, je l'ai trouvé inférieur à celui de la plupart des Conférences établies dans les principales Villes de notre région.

L'œuvre similaire des Dames de la Miséricorde poursuit le même but et rend les mêmes services : avec cette différence, qu'elle a tenu, avec raison, je crois, à ne pas se fractionner en autant de sections qu'il y a de paroisses dans la ville d'Angers. Ces paroisses sont fort différentes les unes des autres. Celles-ci, et ce sont en général les plus populeuses, comptent beaucoup de pauvres et relativement peu de riches : celles-là au contraire, beaucoup de riches et moins de pauvres. Avec le sectionnement paroissial, on s'expose à des inégalités regrettables : ici, on a beaucoup de ressources pour peu de besoins ; là, peu de ressources pour beaucoup de besoins. L'œuvre est donc restée une pour toute la Ville. Elle adopte et elle assiste dans chaque paroisse un nombre de familles proportionné au chiffre de la population, en faisant la part un peu meilleure aux paroisses qui lui paraissent les plus déshéritées. Sa clientèle dans toute la ville d'Angers ne peut guère dépasser le chiffre de 300 familles. Chacune d'elles ne reçoit officiellement que 4 kil. 1/2, neuf livres de pain par mois, avec un bon de chauffage pendant la mauvaise saison, et de temps en temps quelques vêtements. Mais les Dames patronesses prennent généralement en affection les familles qu'elles visitent, et grossissent souvent de leurs aumônes personnelles, l'aumône officielle vraiment trop modeste. En répandant un peu d'aisance chez les pauvres gens, elles acquièrent le droit dont elles n'usent pas toujours assez, de donner ces leçons de morale et d'économie domestique que je recommandais plus haut avec tant d'insistance, et dont la plupart de leurs clients ont encore plus besoin que de pain et d'argent.

Dans cette catégorie d'œuvres de bienfaisance, on pourrait encore citer les dispensaires paroissiaux, administrés sous la direction et avec l'aide du Curé de la paroisse par des Sœurs de charité. Ces utiles institutions ont un double objet : telle était, du moins, pour ce qui me concernait, ma manière de penser et d'agir. Un certain nombre de familles attitrées viennent tous les mois y chercher des secours réguliers : mais surtout, en cas de maladie, tous ceux qui le désiraient empruntaient à notre lingerie et à notre vestiaire, hélas ! bien insuffisamment approvisionnés, un lit portatif, des draps de lit, des chemises, des fauteuils, ces divers ustensiles dont les pauvres et même les gens médiocrement aisés sont toujours mal pourvus ou complètement dépourvus.

Mais il ne me paraîtrait pas bon qu'un prêtre, un curé, concentrât dans un dispensaire toutes les ressources, ni même la majeure partie des ressources dont il peut disposer. Sans doute, il aurait moins de peine : il renverrait tranquillement *aux Sœurs* les solliciteurs qui viennent tous les jours l'assaillir. Mais il se mettrait hors d'état de soulager tant de misères accidentelles ou secrètes dont il est seul le confident ou le témoin. Comme aussi, faute de pratiquer largement la charité personnelle, il compromettrait l'honneur de son ministère spirituel, et lui retirerait l'un de ses meilleurs éléments de succès. J'ajoute qu'il se priverait lui-même de la plus grande douceur de la vie.

Quant aux œuvres qui ont pour but d'assister les familles populaires dans certains cas particuliers, et pour un temps déterminé, je n'en vois guère que deux à citer. L'excellente œuvre de la Maternité. A partir du deuxième enfant, elle fournit un berceau garni, un trousseau complet, et elle prête du linge à l'usage de la mère : en outre, elle donne quinze ou dix-huit livres de pain, et quatre ou cinq livres de viande, en ajoutant quelquefois un peu de vin pour la malade.

L'œuvre des Crèches. Tout enfant légitime est admis dans une crèche dès qu'il a atteint l'âge d'un mois. De sept heures du matin à six ou sept heures du soir, il reçoit les soins de toute sorte dont il a besoin. Il n'y a certainement que les familles riches ou très aisées qui puissent traiter leurs enfants aussi bien que ceux qui sont confiés aux bonnes sœurs des Crèches. En principe, chacun de nos petits pensionnaires est taxé à 0,15 centimes par jour. Rien de plus juste et de plus sage que cette mesure. De deux choses l'une : ou les mères qui recourent à la Crèche travaillent, ou elles ne travaillent pas. Si elles tra-

vaillent, il ne leur en coûte guère
d'opérer un si modeste prélèvement
sur leur gain. Si elles ne travaillent
pas, et ne veulent ou ne peuvent pas
payer, qu'elles gardent et soignent
elles-mêmes leur enfant. Il va sans
dire qu'avec les pauvres femmes
malades ou chargées d'une nombreuse famille, les accommodements
sont faciles.

L'œuvre des Fourneaux économiques, qui sert à très bas prix à ses
nombreux clients, pendant quatre
mois de l'année, de décembre à avril,
une nourriture simple, mais saine et
vraiment appétissante. Le demi-litre
de bouillon coûte 0,10 centimes ; la
portion de viande 0,10 centimes ; celle
de légumes ou de laitage 0,05 centimes : le tout assez abondant, pour

que deux portions suffisent au repas de trois personnes de bon appétit. Les Fourneaux fournissent gratuitement une fois par jour la soupe et une portion de viande aux enfants des écoles libres ou communales qui veulent profiter de cette aubaine. Depuis quelques années, les Fourneaux libres reçoivent à cet effet de la municipalité une subvention qu'ils n'avaient pas attendue pour nourrir les enfants, mais qui soulage sensiblement leur budget, et dont ils ont été très reconnaissants. Il ne restait qu'un point noir. Autrefois, les enfants, du moins ceux des écoles libres, apportaient chacun leur morceau de pain. Tous ces morceaux de pain de qualité, de couleur et de propreté fort différentes étaient coupés et mêlés dans la même soupière; et c'était sur cet amalgame que l'on versait le bon bouillon des Fourneaux. Il en résultait une soupe presque répugnante. Le point noir a disparu, au moins dans les écoles de ma connaissance. Les enfants sont dispensés désormais de cette malencontreuse contribution. La soupe leur est trempée comme ils disent, avec un pain qui ne leur coûte rien; et, chose encore plus appréciable, très homogène et très propre. Des cotisations volontaires couvrent le déficit inévitable d'un pareil commerce.

Enfin les bourses d'apprentissage, les unes municipales, empruntées à des crédits spéciaux votés à cet effet, ou fondées par des bienfaiteurs intelligents; les autres recueillies par les soins de l'excellente œuvre dite du Travail Chrétien, aident quelques familles pendant les deux ou trois longues années que dure l'apprentissage de leurs enfants. Il est extrêmement regrettable qu'une œuvre si sage et si utile, n'ait pu encore, faute d'être bien comprise et efficacement secondée, prendre une extension très considérable.

Il n'entre pas dans mon plan de parler ici des Hôpitaux, des Hospices, des Ouvroirs, des Orphelinats et de diverses Œuvres d'Adoption qui rendent d'immenses services, mais qui ne tendent pas directement à l'amélioration de la condition normale de la classe ouvrière, objet spécial de cette étude.

Je ferai pourtant une exception en

faveur de l'œuvre des Servantes des Pauvres, qui vont à domicile soigner les malades pauvres.

Ces admirables religieuses rendent au peuple d'inappréciables services. Elles épargnent à beaucoup de pauvres gens esclaves d'un préjugé déraisonnable, si l'on veut, mais incorrigible et même respectable à certains égards, l'humiliation, le grand chagrin d'aller à l'hôpital. Grâce à elles, la famille n'est pas désunie par la maladie. Elles font régner dans les maisons qu'elles fréquentent, une propreté, un ordre dont le goût et l'habitude se prennent peu à peu, et persévèrent souvent après leur départ. Non contentes d'observer scrupuleusement l'article de leur règle qui leur interdit de recevoir une rémunération quelconque, et même de manger une bouchée du pain de leurs pauvres clients, elles trouvent moyen de leur apporter d'abondantes aumônes qu'elles sollicitent avec une charitable indiscrétion, ou que mettent spontanément à leur disposition les nombreux admirateurs de leur héroïque charité.

Ces diverses œuvres font un bien immense. On s'en rendra compte si l'on considère que certaines familles adoptées par une seule, ou, ce qui n'est pas rare, par plusieurs de ces institutions charitables, reçoivent chaque mois trente, quarante et jusqu'à cinquante livres de pain ; en outre, pendant l'hiver, une provision de chauffage qui suffit largement à leurs besoins, et, de temps en temps, quelques vêtements et différents objets mobiliers : le tout d'une valeur au moins égale au salaire de cinq ou six de leurs journées : si l'on se rappelle que l'enfant qui vient au monde trouve un berceau tout préparé et que sa mère est reconfortée par un régime substantiel : enfin, que grâce aux Fourneaux économiques, une famille entière peut être nourrie abondamment et même agréablement pour 0,60 ou 0,80 centimes par jour, pendant un tiers de l'année. Aussi, on ne saurait trop admirer et remercier les personnes de cœur qui s'enrôlent dans ces sortes d'œuvres : qui les administrent, qui en alimentent la caisse de leurs propres deniers, ou

des aumônes qu'elles vont à certaines
époques solliciter de maison en maison, au prix de tant de fatigues et de
tant d'ennuis ! Il n'y a vraiment pire
métier qué celui de quêteur ! Huit et
quinze jours de suite, et même davantage, trois ou quatre heures par jour,
d'ordinaire dans la plus mauvaise
saison, aller de porte en porte, essuyer
mainte rebuffade, ou n'obtenir, disons
mieux, n'arracher çà et là qu'une
maigre aumône accompagnée de
récriminations, ou lâchée de mauvaise grâce, et avec une froideur plus
mortifiante qu'un franc refus ! Pour
se faire quêteur sans y être obligé
par devoir d'état, il faut être animé
de cette divine charité dont l'auteur
de l'Imitation a dit : « Que tout far-

deau lui est léger : qu'elle ne regarde
point à la peine : qu'elle entreprend
au-delà de ses forces ; qu'elle ne trouve
rien d'impossible : qu'elle ose tout, et
qu'elle peut tout. » (Imit. III, 5.)

CHAPITRE IX

Insuffisance habituelle, et, dans beaucoup de cas, impuissance absolue des Œuvres de Bienfaisance.

Ces œuvres, si bienfaisantes pour les pauvres et si méritoires pour ceux qui les dirigent, ne sont pourtant pas le dernier mot de la charité.

D'abord elles ne peuvent venir en aide, on le conçoit, qu'à un nombre trop restreint de familles nécessiteuses. Je l'ai dit plus haut, le nombre total des clients du Bureau de Bienfaisance, ne s'élève qu'à 2.078 familles. Les Conférences de Saint-Vincent-de-Paul assistent environ 300 familles, les Dames de la Miséricorde,

320 familles. Dans tous les cas, comme ces diverses œuvres font presque toujours double et triple emploi, c'est-à-dire, que les clients de l'une sont en même temps les clients des autres, je ne pense pas qu'on puisse évaluer à beaucoup plus de 2.200 le nombre des familles très utilement assistées. Celles qui reçoivent chaque mois cinq ou six francs sont véritablement privilégiées.

Voici un autre inconvénient sur lequel on ne saurait trop attirer l'attention des personnes charitables. Certes, ce n'est pas un déshonneur d'être pauvre, de porter l'étiquette de la pauvreté, et d'être ostensiblement secouru. Il y a pourtant des pauvres, et non des moins intéressants, qui ne peuvent se résoudre à solliciter, ni

même à accepter les services des
œuvres. C'est une sorte de déclara-
ration publique, et comme un affi-
chage de leur pauvreté dont la seule
pensée les révolte. Orgueil ou fierté :
je ne m'arrêterai pas à discuter lequel
de ces deux sentiments domine en
eux ; mais, c'est un fait. J'ai connu
plusieurs familles qui ont préféré
souffrir longtemps, qui auraient
préféré souffrir toujours, plutôt que
de se faire ou de se laisser inscrire sur
la liste des assistés ; de consentir à
recevoir régulièrement la visite d'un
Monsieur ou d'une Dame de charité, et d'aller ensuite chez le boulanger et chez le boucher échanger
contre un pain ou un pot-au-feu, les
petits morceaux de carton appelés
bons qui portent l'estampille d'une

œuvre de bienfaisance, ou la signature de la Sœur de charité ou même du Curé.

Je fus informé un jour par une voisine charitable qu'une famille de ma paroisse, composée de six personnes, le père, la mère et quatre enfants, était plongée dans une affreuse détresse. Le père, ancien gendarme, avait perdu un petit emploi dont le modeste traitement additionné avec sa pension de retraite avait permis à cette famille de jouir d'une certaine aisance. Il lui restait pour tout bien un revenu annuel de six cents francs, cent francs par tête. Un Curé peut toujours, sous un prétexte quelconque, se présenter chez ses paroissiens à une heure où tout autre visiteur serait indiscret, et mériterait d'être éconduit. J'arrivai à dessein à l'heure du déjeûner. Un plat de pommes de terre bouillies composait à lui seul tout le repas. Sans paraître remarquer un si maigre menu, je câlinai un peu les enfants, leur offris un petit cadeau; puis, je m'apitoyai avec le père sur le malheur qu'il avait eu de perdre sa place, et je promis de faire çà et là des démarches en sa faveur. Enfin, de phrase en phrase, j'en vins à parler des secours que telles et telles institutions de bienfaisance s'empresseraient de leur accorder. J'essuyai le plus sec des refus. Et il fallut pendant plusieurs semaines consécutives trouver le moyen d'obliger ces braves gens de manière à ne pas froisser leur amour-propre; ils auraient

presque dit, de manière à ne pas les
compromettre aux yeux du public.

Une femme de ma paroisse vint un
jour me trouver, et avec un peu d'embarras : Monsieur, me dit-elle, je
viens vous demander un service.
Depuis trois ans, nous étions secourus par *la Saint-Vincent-de-Paul.*
A présent, nous sommes un peu plus
à l'aise ; nous ne devons pas ôter le
pain aux pauvres. Soyez assez bon
pour remercier ces Messieurs de notre
part, et les prier de ne plus venir chez
nous. Je n'oserais leur faire moi-
même la Commission. » — « Oh !
lui répondis-je, vous êtes trop scru-
puleuse. La Conférence assiste des
familles qui ont moins besoin d'elle
que la vôtre. » — « Eh ! bien, Monsieur reprit-elle, autant vous le dire.

Cela nous fait honte. Les voisins se moquent de nous, ou nous regardent noir. Nous nous tirerons d'affaire comme nous pourrons; mais nous ne voulons plus passer pour des gueux. »

On s'explique plus qu'à moitié cette répugnance quand on a parcouru les listes des pauvres assistés par les différentes œuvres. Les familles notées dans un quartier, je ne dis pas précisément pour leurs habitudes vicieuses, mais, du moins, pour leur négligence, la mauvaise tenue de leur ménage et de leurs personnes, leur manque de soin, *leur sans souinage*, comme dit le peuple avec aussi peu de charité que de littérature, y tiennent une trop large place. Il n'est pas étonnant que des ouvriers laborieux, rangés, d'humeur fière, ne tiennent pas beaucoup à figurer parmi cette clientèle. Défaut pour défaut, cette gloriole vaut mieux sans contredit que le défaut contraire.

Ce n'est point un blâme que je me permets d'infliger ici aux Administrateurs des œuvres de bienfaisance. Je conçois fort bien leurs embarras au milieu desquels j'ai été moi-même tant de fois empêtré. Ils peuvent se tromper : et, sans se tromper, ils sont justement émus de certaines misères dont ils savent, à n'en pas douter, que les victimes sont les principaux auteurs. On ne va pas dire à un misérable : « C'est par votre faute que vous êtes dans ce triste état : je ne ferai rien pour vous, souffrez donc et mourez ! » Il faudrait trop peu connaître la nature humaine pour ignorer qu'il y a des infirmités morales presqu'aussi fatales et aussi incurables que les infirmités physiques. Que ce soit affaire de nature, d'éducation ou d'habitude, ou de deux de ces causes, ou de ces trois causes réunies, il y a certainement de pauvres êtres dont l'intelligence est si obscurcie ou si faussée, la volonté si impuissante ou si prompte à défaillir, qu'il faut jusqu'à un certain point les prendre en pitié et les assister comme on prend en pitié et comme on assiste un paralytique et un manchot.

Le dirai-je pourtant? Des personnes d'ailleurs très bienfaisantes, favorisent à leur insu le fâcheux préjugé de ces pauvres honteux, ou, si l'on veut de ces pauvres dont l'amour-propre est, j'en conviens, chatouilleux à l'excès. Pour elles, la pauvreté ne va pas sans le dénûment : un joli mobilier, modeste, mais à peu près complet, bien tenu, bien luisant, les rassure trop vite sur la vraie situation de ceux qui le possèdent, et, peu s'en faut, les scandalise. La guenille et la crasse sont des titres presque indispensables à leur pitié et à leurs libéralités. J'avais recommandé une famille d'ouvriers au Président d'une Société de bienfaisance. Sa visite faite, il revint me trouver, et me dit : « Mais, Monsieur, ces gens-là ne sont pas dans le besoin, ils ne se privent de rien ; ils ont des meubles à revendre, une armoire, une commode, un buffet et jusqu'à des rideaux à leurs lits ! » — « C'est signe, lui répliquai-je, qu'ils ont travaillé, économisé, et échangé chez le menuisier contre des meubles utiles l'argent que d'autres placent à fonds perdus chez le marchand de vin et ailleurs. »

Certains pauvres poussent même si loin la délicatesse ou l'orgueil, comme on voudra, que les secours les plus discrets de la charité privée leur pèsent beaucoup et qu'ils y renoncent aussitôt qu'ils ne leur sont plus absolument nécessaires. Une fillette de quatorze ou quinze ans me retint un jour après sa confession : « Mon père, me dit-elle naïvement, je suis ouvrière depuis lundi. Ma mère m'a chargée de vous dire que nous n'avions plus besoin de vous. Elle viendra vous remercier. »

J'ai sous les yeux deux lettres : l'une

d'une bonne vieille fille à qui était échu un modeste héritage, 380 fr. de rente viagère ; l'autre d'une femme dont le mari longtemps inoccupé venait enfin de trouver un petit emploi. Mes deux correspondantes me remercient en termes excellents des petits services que je leur avais rendus ; et m'invitent à reporter *mes charités* sur d'autres nécessiteux.

Encore une fois, un moraliste sévère criera peut-être : « Orgueil ! sot orgueil ! » Je le veux bien ; mais, en vérité, ce *sot orgueil* n'est qu'une poussière légère et peu immonde qui recouvre de nobles cœurs.

Au surplus, on me croira sans peine, ce ne sont point là des histoires courantes. Et tous les débiteurs de la charité ne doivent pas s'attendre à rencontrer souvent des créanciers d'aussi bonne composition.

Je ne voudrais pas avoir l'air de faire le procès des œuvres et des associations de bienfaisance. Rien ne serait plus injuste, et rien n'est plus éloigné de ma pensée. J'ai dit que ces œuvres sont utiles ; ce n'est pas assez, elles sont indispensables : elles rendent des services de diverses sortes, auxquels personne au monde ne pourrait suppléer. Si je m'applique à faire ressortir leurs inconvénients et leur insuffisance, c'est uniquement pour montrer quelle large place reste ouverte auprès d'elles à la charité privée. J'ajouterai donc en finissant que les œuvres et les associations de bienfaisance manquent, par la force des choses, d'une certaine élasticité, on pourrait dire d'une certaine agilité qui ne leur permet pas de venir en aide à des misères secrètes ou à des misères pressantes qui ne sont pas les moins intéressantes. Je m'explique :

Ces œuvres sont administrées par un Conseil, un Comité, dont les membres ne se réunissent qu'à certains jours et à certaines heures pour constater l'état des ressources, et en déterminer l'emploi. Plusieurs de ces œuvres ont bien un Bureau où un receveur, un trésorier, un secrétaire vient plus souvent, ou même se tient en permanence. Mais ce fonctionnaire quelconque n'a pas généralement, sauf des cas expressément prévus, le pouvoir de délivrer séance tenante, et sans autre examen, le secours sollicité. Il prend note de la demande, la transmet aux administrateurs qui l'examinent en séance et, après délibération, l'accueillent ou la rejettent. Tout cela demande du temps, et le secours obtenu arrive un peu tard ; il a même de grandes chances d'arriver trop tard.

Bien plus, quelle que soit la bonne volonté personnelle des Administrateurs, les œuvres ne peuvent pas, ne doivent pas, ou mieux doivent ne pas donner satisfaction à des sollicitations évidemment dignes du plus vif intérêt. Elles ont un budget dans les limites plus ou moins étroites duquel la prudence et la justice leur font un devoir rigoureux de se mouvoir. Tant de recettes : donc, tant de dépenses. Et, pour le dire en passant, tout budget sagement établi, budget

de famille, budget d'œuvres, et pro-
bablement budget d'État, doit minorer
les recettes et majorer les dépenses.
Si les comptes se chiffrent par un excé-
dent de recettes, il sera toujours temps
d'en profiter. Or, au budget de la
plupart des œuvres de bienfaisance,
les recettes assurées ou espérées
balancent tout juste les dépenses qui
seront certainement effectuées pour
fournir des secours à un nombre
déterminé de familles ou de personnes
vis-à-vis desquelles on a pris une
sorte d'engagement. A la vérité, il y
a d'ordinaire une certaine somme
réservée en vue de besoins éventuels
qu'on ne veut pas s'exposer à laisser
en souffrance. Mais enfin, un bon
administrateur est esclave de son
mandat. Il n'a pas le droit de disposer

au jour le jour, suivant l'inspiration de son cœur, des fonds dont il a le dépôt : il les fait seulement parvenir à destination. En tant qu'administrateur, la charité consiste pour lui à remplir, conformément aux statuts de son œuvre, les fonctions assujettissantes et pénibles qu'il a librement acceptées. Pour le surplus, c'est dans sa propre bourse qu'il doit aller puiser.

Cette lenteur inévitable, cette insuffisance des œuvres que les amis des pauvres n'ont que trop d'occasions de constater dans tous les temps s'accusent surtout dans certains moments de crise où par suite d'un accident, d'une maladie, d'une mauvaise saison prolongée outre mesure, tant de gens sont du jour au lendemain précipités de la pauvreté dans la misère, ou d'une aisance relative dans la pauvreté. Voici entre mille un fait qui m'avait vivement impressionné. Pendant le terrible hiver de 1879-1880, les institutions de bienfaisance rendirent encore plus de services que de coutume. Elles multiplièrent les quêtes à domicile, provoquèrent des souscriptions publiques. Leurs membres ne comptèrent point avec la fatigue, et se départirent de la prudence réglementaire : sans hésiter, ils engagèrent l'avenir pour subvenir aux besoins du présent. Mais ils avaient beau faire, ils ne pouvaient suffire à tout. Du reste, nombre de timides qui n'avaient point l'expérience de la mendicité restaient à l'écart, et risquaient d'y périr. On me

signala entre cent autres une de ces
malheureuses familles. J'allai la visiter, sous prétexte de demander un
renseignement. En entrant chez elle,
je pus croire que l'on m'avait trompé.
Les cinq personnes qui la compo-
saient, le père, la mère et trois enfants, serrés autour du foyer, se chauf-
faient assez bien, les mains allongées
au-dessus d'un bon feu, trop éclatant,
il est vrai, pour être de longue durée.
Pendue à la crémaillère, une marmite
bouillonnante faisait des promesses
auxquelles, avant d'y avoir regardé
de près, on pouvait se laisser prendre.
La conversation s'engagea ; j'ob-
servai ; et, d'aveu en aveu, de découverte en découverte, je ne tardai pas
à tout savoir. Le feu était alimenté
par des chiffons de papier tordus, par

des brindilles de bois et quelques
menus morceaux de coke et de char-
bon glanés çà et là le long des rues.
Le potage qui mijottait au fond de la
marmite n'était qu'une moitié de
potiron gelé cueilli sur un des fumiers
que la mère et les enfants avaient
coutume de visiter de grand matin.
De pain, de viande, d'autres légumes,
il n'était pas question. C'était avec un
potiron gelé, ou si l'on veut dégelé
dans l'eau bouillante, mais resté
détestable, que cinq créatures humaines étaient réduites à se remettre
de leur jeûne de la veille et à se pré-
parer au jeûne ou au demi-jeûne du
lendemain. Jamais, je crois, je n'ai
béni de meilleur cœur le bon Dieu
qui, en m'attribuant comme Curé
d'une importante paroisse un revenu

notablement supérieur à mes besoins, me permettait de soulager sur-le-champ, de pareilles misères! Et, comme je bénissais aussi les âmes charitables qui grossissaient si volontiers de leurs aumônes des ressources importantes, mais toujours insuffisantes!

Pour les diverses raisons que je viens d'énumérer, à côté des œuvres de bienfaisance, une large place reste vide. Et cette place, c'est à la charité privée qu'il appartient de la remplir.

CHAPITRE X

Nécessité de la charité privée. Diverses formes qu'elle peut revêtir. La charité privée beaucoup moins pratiquée qu'on ne le dit et qu'on ne le croit communément.

Il y a bien des manières de pratiquer cette sorte de charité. C'est à chacun, en tenant compte de ses ressources, de profiter des occasions qui lui seront certainement offertes. Il en est, en effet, de la charité comme des autres vertus, de celles surtout qui nous coûtent le plus à pratiquer, l'humilité, la mortification, le détachement. Dieu qui sait combien il nous importe et en même temps combien il nous répugne de produire des actes de ces vertus, ne nous laisse pas la peine de nous ingénier et de faire effort pour trouver la matière de ces salutaires, mais pénibles actions. Tout le long de la voie que nous avons coutume de suivre par nécessité ou convenance d'état, il nous ménage presqu'à chaque pas des rencontres favorables, auxquelles il nous suffit de ne pas nous dérober.

Quelles sont, par exemple, les personnes riches ou simplement aisées qui ne découvrent auprès d'elles ou à qui il n'ait été signalé à courte distance quelque famille nécessiteuse qu'elles sont tout naturellement invitées à secourir ? A quoi tient-il qu'elles n'adoptent cette famille et ne s'en fassent les bienfaiteurs habituels, ou pour mieux dire, les patrons, les tuteurs, les amis ! Elles la visiteraient ou la recevraient à des époques déterminées ; elles lui assureraient un petit revenu hebdomadaire ou mensuel, sans préjudice de quelques bonnes surprises qui viendraient de temps en temps la réjouir à l'improviste et lui procurer un bien-être inattendu. De toutes les formes de la charité, voilà sans contredit la plus utile aux pauvres qui en sont les objets, puisqu'elle leur apporte le bien qu'ils envient et qui leur manque le plus, un peu de sécurité, comme elle est aussi la plus agréable pour celui qui l'exerce. Verser dans la caisse d'une œuvre un argent qui en sortira, on ne sait quand, pour le soulagement d'un pauvre en général, que l'on ne connaît pas et qu'on ne connaîtra jamais ; cela est bien ; cela met justement en paix la conscience de celui qui donne, et contente l'estomac de celui qui reçoit. Mais qu'une aumône versée amicalement d'une main connue dans une main connue vaut bien mieux ! venue visiblement du cœur, elle va sûrement au cœur !

On entend d'ici l'objection : « Quelle dépense ! » Il est vrai que l'on n'a pas gratuitement l'honneur et le bonheur d'être le protecteur, le bienfaiteur de plusieurs créatures humaines, de représenter et de suppléer auprès d'elles la Providence de Dieu. Il ne faudrait pourtant pas s'imaginer qu'un aussi noble rôle soit excessivement dispendieux. Avec 150 fr., et

même moins, on peut rendre annuellement de très grands services à une
famille ouvrière, améliorer notablement son sort et l'acheminer tout
doucement jusqu'au temps où, les
enfants étant élevés, elle se suffira à
elle-même. « Cent cinquante francs !
me dira-t-on. Vous en parlez bien à
votre aise. Il m'est impossible avec
tant de charges de toute sorte qui
pèsent sur nous de faire à la même
famille une si large aumône. » S'il
vous est impossible de faire une si
large aumône à la même famille, ne
la faites pas : à l'impossible nul n'est
tenu. Notre devoir se mesure à notre
puissance. Mais c'est une question de
savoir s'il est vraiment impossible à
celui-ci et à celle-là, ou pourquoi il
leur est impossible de donner aux

pauvres cent cinquante francs par an.

A quelques pages d'ici, nous nous poserons de nouveau cette question, et nous y répondrons.

Au surplus, il y a beaucoup d'autres manières moins dispendieuses, et encore très utiles de venir en aide aux familles ouvrières, à défaut des œuvres, ou de concert avec les œuvres de bienfaisance. Par exemple : aux deux époques où il doit payer son loyer, il est singulièrement agréable à un ouvrier de recevoir de quelque main charitable une petite somme qui lui permet de combler le déficit du trésor qu'il amassait sou par sou depuis six mois, en vue de la redoutable échéance ; ou, si son trésor est au complet, de disposer d'une partie de ses réserves pour le renouvellement de la garde-robe en souffrance ; ou, s'il n'a besoin de rien, de grossir son petit pécule soigneusement enfoui au fond d'un tiroir, ou plus sagement déposé à la Caisse d'épargne.

L'échéance des loyers n'est pas la seule date de l'année où une famille puisse être opportunément assistée. Quoi de plus naturel que de profiter du jour de l'an, d'une naissance, d'une première communion, d'une distribution de prix, etc., pour offrir à l'enfant ou aux enfants, un cadeau un peu considérable dont toute la famille profitera ? Et quand plusieurs personnes s'entendent pour avoir la même attention délicate à la même époque, tous ces petits cadeaux réunis forment un total extrêmement appréciable.

Et en dehors de ces époques déterminées, avec quelle joie des ouvriers
verront arriver chez eux une pièce
d'or ou seulement d'argent, un paquet
de vêtements mis en réserve avant
d'être trop usés, ou, ce qui vaut bien
mieux, expressément confectionnés
à leur intention ! On peut encore à
peu de frais leur faire de temps en
temps une petite aumône qu'ils ap-
précient d'autant plus qu'elle n'a pas
l'apparence de l'aumône; et qu'en
effet elle est à peine une aumône. En
réglant un compte avec une femme
de journée, un ouvrier et même certains petits marchands, on leur donne
la grosse pièce ; et pendant qu'ils cher-
chent dans leur poche pour rendre *la
monnaie*, on leur dit d'un ton aima-
blement négligent : « Oh ! ce n'est

pas la peine : gardez tout. Vous mettrez cela dans la bourse du bébé. » Ce bénéfice inattendu, qui se confond avec leur salaire, et paraît tenir de la justice autant que de la charité, leur est particulièrement agréable. Ils remarquent, et ils goûtent fort la délicatesse du procédé de leurs clients.

Un homme éminent, le comte de Falloux, dont j'ai loué ailleurs les charitables prodigalités, excellait dans l'art d'intervenir dans les affaires des pauvres gens, et de les tirer d'embarras qui leur paraissaient inextricables. Un jour, au cours d'une visite qu'il faisait dans une maison amie, la femme de chambre vint rendre compte à sa maîtresse d'une commission charitable dont elle avait été chargée auprès d'une famille d'ouvriers : « Les pauvres gens, dit-elle, sont encore plus à plaindre que Madame ne le pensait. Leur coche est finie, ils ne peuvent la payer ; et le boulanger ne veut pas leur en donner une autre. » Tout le monde sait, au moins dans notre pays, que *la coche* est une planchette longue et mince, sur les côtés de laquelle le boulanger marque par une entaille chaque pain qu'il fournit. La bonne Dame promit qu'elle aviserait. Elle n'en eut ni la peine, ni le temps. Le comte de Falloux ne dit rien, mais il agit sans retard. Le soir même, les pauvres endettés recevaient de leur fournisseur leur note acquittée en leur nom, avec des excuses pour le moment de mauvaise humeur auquel il s'était laissé aller.

Puisqu'il ne convient de parler ici que des morts, je citerai un trait du même genre à l'honneur d'un autre Angevin, non moins généreux et non moins ingénieusement charitable que son illustre compatriote, M. Ambroise Joûbert-Bonnaire. Il avait appris qu'une famille assez bien posée dans la société Angevine venait de faire une grosse perte d'argent, et que, provisoirement au moins, sa détresse était extrême : « Je ne puis aller moi-même, me dit-il, offrir des services qui humilieraient trop, et ne seraient peut-être pas acceptés. De votre part, c'est autre chose. Tenez, voilà 1.000 francs. Faites pour le mieux. Et, si vous croyez que ce n'est pas suffisant, vous me le direz. »

Évidemment, à cœur égal, nous

n'avons pas tous une assez grosse bourse pour faire d'un seul coup de pareilles largesses. Aussi je ne dis pas indistinctivement à chacun : « Donnez aux pauvres autant que celui-ci et celui-là. » Mais : « Aimez les pauvres autant que celui-ci et celui-là. » Celui qui aime donne ce qu'il peut : et j'ajoute que celui qui aime trouve possible ce que celui qui n'aime pas déclare et croit même impossible. Si les pauvres sont trop peu secourus, comme, en effet, ils sont trop peu secourus, ce n'est pas tant parce que l'argent manque dans les bourses que la charité dans les cœurs.

Je viens de dire que les pauvres sont trop peu secourus, que beaucoup de cœurs sont vides de charité. En parlant de la sorte, je m'expose à causer de l'étonnement et presque du scandale : on m'accusera de sévérité outrée, d'ingratitude et d'injustice ; ou tout au moins on pensera que je cède à l'un de ces échauffements dont les orateurs, les prédicateurs et les écrivains eux-mêmes, étourdiment épris de leur sujet, savent mal se défendre. Non, je ne suis ni trop sévère, ni ingrat, ni injuste, ni follement échauffé. Je dis ce que j'ai vu, ce que je sais, ce qui est : les pauvres sont trop peu secourus, parce que la charité fait défaut dans un trop grand nombre de cœurs.

Pour l'amour de Dieu, ne nous payons pas de vaines phrases que nous lisons tous les jours dans des articles de journaux ou de revues, et même dans des livres réputés sé-

14

rieux ; ou que nous entendons débiter du haut de toute sorte de tribunes, et jusque de la chaire chrétienne : que la science et la charité sont les deux fleurons sans pareils de la couronne de notre siècle. Qu'à défaut d'autres vertus disparues ou tombées en langueur, la charité a pris dans notre siècle un essor inconnu aux siècles précédents : vertu chère à tous, vertu de pratique courante !

D'abord, cela serait bien étonnant : et puis, cela n'est pas vrai.

Oui, à première vue, il serait bien étonnant qu'un siècle où la foi en un Dieu créateur d'un premier homme père de tous les hommes ; la foi en Jésus-Christ qui a formé entre tous les hommes les liens nouveaux et plus étroits d'une fraternité surnaturelle, a été si fort affaiblie : il serait bien étonnant que ce siècle surpassât en charité tous les siècles précédents. Comment expliquer que la cause étant supprimée ou n'ayant plus son ancienne énergie, l'effet eût été plus sûrement produit?

Quelqu'inexplicable qu'il fût, si le fait existait, il faudrait bien l'accepter, quitte à en chercher la cause ailleurs que dans les principes d'où on avait eu trop longtemps le tort de le faire dériver. Mais il n'est pas vrai que la charité proprement dite, cette vertu qui consiste à nous déposséder librement et spontanément au profit d'autrui, d'un bien qui nous appartenait, que nous avions le droit de conserver ou de faire servir uniquement à notre jouissance : il n'est pas vrai de dire

qu'elle soit plus active et plus géné-
reuse qu'elle ne l'a été jadis, notamment au xviie siècle, à l'appel et sous
la direction de saint Vincent-de-Paul,
et d'une Louise Le Gras de Marillac.
Ce qui est vrai, c'est que le peuple
moins patient, moins résigné, plus
avide de jouissances, et, de nos jours,
plus exigeant que dans le temps
passé ; pénétré du sentiment de ses
droits au point de se les exagérer et
de méconnaître ceux d'autrui ; mais
surtout, de plus en plus conscient de
sa force qui menace de devenir la toute
puissance, a des prétentions, et élève
par lui-même ou par procureurs,
des procureurs qui ne le valent pas et
qui l'exploitent, des réclamations
auxquelles il faut bien que les classes
qu'on appelle encore dirigeantes, en

souvenir sans doute de leurs anciennes
fonctions, et les pouvoirs publics
prêtent l'oreille ; et dont il est bon gré
mal gré, tenu compte de plus en plus
dans les contrats privés entre patrons
et ouvriers, comme dans la législation
générale. Ah ! certes, je suis bien
éloigné de trouver qu'une telle ten-
dance soit illégitime de tout point. Et
sans méconnaître les graves périls
qu'elle peut faire courir à la société tout
entière, aux ouvriers les premiers,
on peut espérer fermement qu'après
de longs tâtonnements, après de déplorables violences d'un côté, et de non
moins déplorables résistances d'un
autre côté, le mouvement dont nous
sommes témoins aboutira à un état
social meilleur ; et, pour dire le mot,
à une répartition plus équitable des

bénéfices réalisés par les efforts combinés de l'intelligence, du capital et du travail manuel. Malgré mon horreur pour les formules tranchantes qui ont la prétention d'appliquer la rigueur mathématique à des sujets qui ne la comportent point, je ne répugnerais pas trop à résumer dans cette courte phrase les progrès passés et futurs de l'humanité laborieuse : l'esclavage, puis le servage, puis le salariat, et enfin, un autre système que l'on appellera à volonté : association ou participation.

Mais nous n'en sommes pas là. En attendant que se soient enfin levés ces temps heureux dans lesquels la justice obtiendra pleine satisfaction, ou plutôt pour parler sans rêver, sera moins souvent mise en échec, la charité a encore provisoirement un rôle considérable à remplir, un bien immense à faire. Et même, ne faudrait-il pas être trop enclin à la chimère pour se figurer un monde où la divine parole : *Il y aura toujours des pauvres parmi vous,* cessera d'être vraie? Est-ce qu'il n'y aura pas toujours des êtres faibles de corps, d'esprit et de volonté, qui souffriraient cruellement et périraient s'ils n'attendaient de secours que de la stricte justice? Est-ce qu'il n'y aura pas toujours des êtres vicieux en faveur de qui devront prévaloir sur la terre comme au ciel la miséricorde et la charité?

Mais ce n'est pas de cet incertain avenir, c'est du présent qu'il s'agit. Et, je le disais, et je le répète, et je l'affirme sans passion, non sans tristesse, avec une conviction, avec une certitude fondée sur une longue expérience, il n'est pas vrai que dans ce présent où elle aurait tant à faire, la charité s'exerce communément avec cette générosité qu'une rhétorique intéressée a coutume de lui attribuer.

Au lieu de m'en tenir à ces affirmations générales contre lesquelles on peut toujours protester, et qu'il est aisé de contredire en leur opposant des faits particuliers, j'aime mieux dresser en quelques mots la statistique de la charité telle que je l'ai vue fonctionner.

Il y a quelques personnes qui pratiquent la charité, ce ne serait pas assez de dire généreusement, il faut dire héroïquement. Non contentes d'observer la loi naturelle et la loi chrétienne de la charité, elles suivent à la lettre, elles dépassent presque le conseil évangélique. Parmi elles, il y a des riches qui donnent toujours tout leur superflu, et qui, à l'occasion prennent sur *leur utile :* il y a des gens médiocrement aisés qui n'ayant point de superflu, entament sans hésiter des ressources faute desquelles il ne leur reste guère que le strict nécessaire. J'étonnerais beaucoup, je serais à peine cru si je disais ici dans quelle proportion certaines femmes, et, moins nombreux, certains hommes opèrent au profit des pauvres un prélèvement sur leurs revenus. J'affirme seulement que la dîme prescrite ou conseillée par la loi ancienne est largement dépassée. Plusieurs noms se présentent en ce moment à ma pensée. Et entre ces noms, des noms d'amis dont je ne trahirai pas le secret ; mais que je puis bien, sans les nommer, remercier pour l'amitié dont ils m'honorent, pour les beaux exemples qu'ils m'ont donnés, et pour les renoncements aux calculs mesquins d'une prudence étroite auxquels ils m'ont plusieurs fois déterminé.

Il y a en plus grand nombre des personnes qui remplissent très consciencieusement le devoir de la charité. Les aumônes qu'elles font directement ou par l'intermédiaire des œuvres dont elles sont membres actifs, ou auxquelles elles ne refusent jamais leurs souscriptions sont tout à fait convenables. Tellement que si tous les gens de leur condition les imitaient, la plupart des pauvres seraient à l'abri de la noire misère.

Mais le nombre des personnes aisées et même riches, et même opulentes, qui ne donnent pas à beaucoup près autant qu'elles pourraient et devraient donner, ou même (avant d'écrire, j'ai pesé tous les mots) qui ne donnent rien, est, sans contredit, très considérable. Oui, il y a des gens qui ne donnent jamais rien spontanément : qui se laissent à grand peine extorquer quelques sous, parfois une pièce d'argent de moyenne grosseur, jamais une pièce d'or, pour une œuvre de bienfaisance. Et encore, à moins qu'ils n'aient quelque raison de se ménager l'estime, ou la clientèle du quêteur et de la quêteuse, ils ne lâchent point leur aumône, ou pour mieux dire, ils ne paient pas leur impôt ou leur amende, sans gémir, sans murmurer, sans récriminer contre la multiplicité et les inconvénients innombrables des œuvres ; contre l'indiscrétion et le zèle importun autant que mal entendu des directeurs et des directrices d'œuvres. Je me suis cru quelquefois autorisé à répliquer à ces malavisés, et à leur démontrer qu'ils n'étaient point en danger de se ruiner. « Il se présente annuellement chez vous dix ou douze quêteurs ou quêteuses. Dix ou douze ! Multipliez par ce chiffre la somme que vour remettez à chacun, quand vous remettez quelque chose. Et voyez quel est le total ! » A leur grande surprise, ils étaient forcés de reconnaître que le total de leurs charités annuelles ne représentait pas la dixième partie du prix d'une toilette, d'un voyage d'agrément, d'un grand dîner : à peine le prix d'une soirée théâtrale. A côté, au-dessous des gens qui ont de temps en temps la faiblesse de céder aux prières et aux instances de la charité, il y en a d'autres qui sont absolument sourds à toutes les supplications ou insensibles à tous les besoins, qui se retranchent dans un inexpugnable égoïsme ; et les patrons des pauvres qui se sont présentés une fois à leur porte, ont d'ailleurs de bonnes raisons pour n'y plus frapper jamais.

Or, qu'il me soit permis, en finissant, de constater deux faits. — La première des trois catégories que je viens de dépeindre se compose exclusivement, du moins à ma connaissance, de fervents chrétiens : et cela se conçoit. Naturellement, nous éprouvons pour nos semblables une réelle sympathie que nous manifestons volontiers par de bonnes paroles, par des larmes, quelquefois par de bons offices, et accidentellement par une explosion magnifique, mais passagère, de générosité et de dévouement. Mais pour prendre l'habitude, et en quelque sorte faire état du dépouillement et du sacrifice, pour accroître constamment le bien être d'autrui aux dépens de son propre bien être, il faut avoir des motifs surnaturels, et une puissance surnaturelle d'aimer : il faut ce nouveau jour sous lequel le Christianisme nous a montré les hommes : il faut ce nouveau cœur que le christianisme peut créer au-dessus de notre cœur de chair.

Dans la seconde catégorie, celle des personnes qui remplissent convenablement le devoir de la charité, les chrétiens sont en majorité.

Dans la troisième catégorie, celle des cœurs secs et froids, des cœurs fermés, d'où ne sortent comme par force que de rares et maigres aumônes, même d'où ne sort jamais une aumône, il ne devrait pas y avoir un seul chrétien, une seule chrétienne. Il y en a peu, mais il y en a, et non pas toujours des moins qualifiés.

Peut on imaginer une plus étrange inconséquence? Voilà des personnes qui font hautement et sincèrement profession d'aimer Dieu, et de le servir. Non contentes d'observer fidèlement toutes les lois divines et humaines concernant le culte de Dieu, elles se reprocheraient sincèrement de manquer de parti pris à une seule des pratiques de piété dont elles ont chargé leur règlement spirituel : *Hæc oportuit facere,* toutes ces choses sont bonnes à faire ; les unes sont obligatoires, les autres au moins louables. Mais il y en a d'autres choses qu'il ne faut pas omettre : *Et illa non omittere.* Elles oublient que ce Dieu qu'elles ont tant à cœur d'aimer et de servir, n'est pas seulement aimable et digne d'être servi au Ciel et à l'Église, mais partout où il lui plaît d'aller et de nous appeler, et sous toutes les formes qu'il lui plaît de revêtir : entr'autres lieux, et entr'autres formes, chez les pauvres et dans la personne des pauvres. « Qui les aime et leur fait du bien, a dit Jésus-Christ, m'aime et me fait du bien. Et quiconque ne les aime pas et ne leur fait pas de bien, ne m'aime pas et ne me fait pas de bien. »

Mais, ce n'est pas seulement pécher contre la piété que de ne pas faire l'aumône, c'est pécher contre la justice : non la justice envers le pauvre qui, à le prendre isolément de Dieu, n'a aucun droit sur la fortune du riche, mais la justice envers Dieu à qui la fortune du riche appartient plus qu'au riche lui-même, de quelque manière qu'elle ait été acquise. Qu'on écoute sur ce sujet la grande voix de Bossuet qui ne confond point deux vertus différentes, mais qui montre si vivement que le riche est le débi-

teur de Dieu, et que c'est par l'aumône faite aux pauvres qu'il paie sa
dette au divin créancier :

« Communiquez entre vous mu-
tuellement vos fardeaux, s'écrie l'ora-
teur chrétien, afin que les charges
deviennent égales, *ut fiat æqualitas*,
dit saint Paul. Car quelle injustice,
mes Frères, que les pauvres portent
tout le fardeau, et que tout le poids
des misères aille fondre sur leurs
épaules ! S'ils s'en plaignent et s'ils
en murmurent contre la Providence
divine, Seigneur, permettez-moi de
le dire, c'est avec quelque couleur de
justice. Car étant tous pétris d'une
même masse, et ne pouvant pas y
avoir grande différence entre de la
boue et de la boue, pourquoi verrons-
nous d'un côté la joie, la faveur, l'af-

fluence ; et de l'autre la tristesse, et le désespoir, et l'extrême nécessité, et encore le mépris et la servitude? Pourquoi cet homme si fortuné vivrait-il dans une telle abondance et pourrait-il contenter jusqu'aux désirs les plus inutiles d'une curiosité étudiée, pendant que ce misérable, homme toutefois aussi bien que lui, ne pourra soutenir sa pauvre famille, ni soulager la faim qui le presse? Dans cette étrange inégalité, pourrait-on justifier la Providence de mal répartir les trésors que Dieu met entre des égaux si, par un autre moyen, elle n'avait pourvu au besoin des pauvres et remis quelque égalité entre les hommes? C'est pour cela, chrétiens, qu'il a établi son Église, où il reçoit les riches, mais à condition de servir les pauvres ; où il ordonne que l'abondance supplée au défaut, et donne des assignations aux nécessiteux sur le superflu des opulents..... » (Bossuet, *Serm. sur l'Éminente dignité des pauvres dans l'Église,* 2e Point.)

CHAPITRE XI

De quelques nécessiteux vis-à-vis desquels la charité doit être prudente et réservée.

Ces familles laborieuses, dont le revenu, prudemment administré, répond à peine aux besoins les plus impérieux de la vie : au sein desquelles, sans que toutes les vertus chrétiennes et naturelles soient florissantes à souhait, le bien l'emporte décidément sur le mal : où l'on travaille, où l'on souffre beaucoup plus qu'on ne fainéante et qu'on ne s'amuse : ces familles doivent être l'objet de prédilection de la charité. C'est à elles que doit aller la plus grosse part des ressources des œuvres publiques de bienfaisance, comme des particuliers. C'est à elles qu'il est le plus juste de faire du bien matériel, et le plus facile de faire du bien moral : celui-ci par le moyen de celui-là.

Mais à côté de cette clientèle d'élite, ou plutôt au-dessous, et, comme d'un autre monde, surgissent diverses classes de nécessiteux qui sont vraiment le fléau des personnes charitables par les importunités qu'elles ne leur épargnent pas, et surtout par les perplexités où elles les jettent et les entretiennent.

Je citerai en premier lieu ces malheureuses familles que l'inconduite habituelle de leur chef voue à une profonde et irrémédiable misère. Ici encore, il faut raconter des faits et citer des chiffres. J'ai connu des hommes qui n'apportaient jamais à leur femme le samedi soir, quand ils apportaient quelque chose, plus de dix à douze francs. L'un de ces individus avait quatre enfants. Il gagnait cinq francs par jour, soit trente francs par semaine, versait régulièrement 18 fr., soit 2 fr. 55 pour chacun des sept jours de la semaine, environ 0,40 centimes, huit sous, par personne et par jour, pour le logement, la nourriture et le vêtement. Et encore ce Monsieur tenait à être bien traité. Mauvais mari et mauvais père, il était fort gourmet : on n'a pas tous les défauts. La pauvre femme et les enfants pâtissaient. On leur assura un supplément hebdomadaire de cinq francs. Le misérable s'en aperçut. Il réduisit à quinze francs sa subvention habituelle ; et, à sa femme qui se plaignait, il dit en ricanant : « De quoi te plains-tu ? A ce compte-là, tu gagnes deux francs par semaine. Autrefois, tu n'avais que 18 fr. Aujourd'hui, le Curé, la Sœur et moi nous nous entendons pour te donner 20 francs. »

Je parlais tout à l'heure des perplexités où certaines détresses jettent les personnes charitables : en voilà d'assez frappants exemples. Que faire en pareil cas ? Une femme et des enfants souffrent visiblement : ils ont grand besoin d'être secourus. Mais les secours qu'on serait heureux de leur procurer n'apporteront aucun adoucissement à leur sort. Un mari indigne, un père indigne en abusera pour se plonger plus librement et plus avant dans la débauche. Il n'y a qu'une ressource : c'est de faire parvenir secrètement quelques aumônes à la malheureuse mère. Mais, si l'on veut m'en croire, un laïc charitable, un prêtre lui-même, ne visiteront jamais, ne recevront guère leur protégée. Ils recourront d'ordinaire au ministère d'une Dame ou d'une Sœur de charité. Il ne manque pas de ces vilains personnages qui, furieux d'être ainsi joués, concevraient ou feindraient d'avoir conçu de très mauvais soupçons dont ils feraient éclat.

Une autre classe au moins aussi nombreuse, mais à propos de laquelle on reste moins perplexe, c'est celle de ces pauvres qui sont pauvres volontairement par système : pour qui la pauvreté, sous son aspect le plus répugnant, est une profession et véritablement une industrie.

On fait trop d'honneur à ces gens, et l'on profane le nom de pauvreté, en les appelant des pauvres. La pauvreté est la condition pénible, mais honorable, de ces vaillantes créatures qui, balançant difficilement leurs dépenses quotidiennes par le maigre gain de leur travail quotidien, mènent une existence toujours précaire : incertaines du lendemain ou tout au plus du surlendemain, à la merci de divers accidents auxquels il est presque impossible qu'elles échappent dans le cours d'une année. Les nécessiteux, les misérables que j'ai en vue mériteraient plutôt d'être désignés ici par

l'un de ces noms énergiques et fortement imagés que le langage populaire
a coutume de leur infliger. Quoiqu'il
en soit du nom, fainéants, mendiants,
exploiteurs : les uns, batteurs de pavé,
tireurs de sonnettes, habitués de toutes
les cérémonies profanes ou religieuses,
publiques ou privées, embusqués au
coin des rues ou à la porte des églises,
accostant indistinctement tous les pas-
sants ; les autres, plus circonspects
ou plus fiers, ne s'adressant guère
qu'aux personnes dont la réputation
de charité est bien établie, essayant
de les attendrir par des récits, des
lettres, des artifices de toute sorte
toujours mensongers, quelquefois in-
vraisemblables, et dénotant un remarquable esprit d'invention. Il convient,
d'ailleurs, de rendre justice aux solli-

citeurs de cette espèce. Importuns par leurs assiduités et leurs instances, en revanche, soit qu'ils aient conscience de leur peu de mérite, soit qu'ils espèrent qu'à la fin de la journée, toutes ces maigres recettes additionnées formeront au total une recette importante, ils se contentent de quelques sous : une petite pièce blanche les ravit. En général, ce triste métier est des moins lucratifs. On cite quelques-uns de ces industriels qui ont fait fortune ; et, pour mon compte, j'en ai connu deux. Le lendemain de la mort d'une vieille femme qui avait mendié toute sa vie, un notaire vint me demander des renseignements sur la famille de la défunte dont il évaluait l'héritage à plus de vingt-cinq mille francs. Une autre femme qui ne men-

diait pas, mais qui savait fort bien se
faire assister, eut l'incroyable naïveté
de me consulter sur le placement
d'une petite somme de 300 francs,
revenu semestriel d'un titre de rente,
à laquelle, me dit-elle, elle n'avait pas
besoin de toucher. Mais ce sont là de
très rares exceptions. Le plupart de
ces gueux ne récoltent pas chaque
jour une somme égale en moyenne au
salaire d'un honnête journalier. Seulement, ils ont sur le journalier cet
avantage qu'ils estiment plus que tout
au monde : ils ne travaillent point.
Naturellement leur régime est aussi
variable, et, dans l'ensemble de la
vie, aussi chétif que leur revenu. Un
jour, affamés et mourant presque de
faim ; un autre jour, ayant tout juste
le nécessaire ; de temps en temps,

après une aubaine, faisant bombance, mangeant, buvant, dépensant en un jour de quoi vivre trois jours.

Or, voici certainement la conduite qu'il convient de tenir avec ces misérables de profession. Quand, après avoir essayé quatre fois, cinq et six fois de les relever, de les faire rentrer dans la voie du travail, et d'une honnêteté relative, on n'a rien obtenu ; quand, à défaut d'un succès complet, on n'a pas même constaté un regret, une bonne intention, un bon désir, il n'y a qu'une chose à faire : c'est de les abandonner à eux-mêmes, de leur laisser subir toutes les pénibles conséquences de leur fainéantise et de leur inconduite. Poussés à bout par la souffrance, réduits à une extrême nécessité, quelques-uns viennent parfois à résipiscence ; et c'est alors qu'il faut les encourager, les féliciter, et leur payer à l'avance et au-delà de leur valeur, le prix de leurs premiers efforts, pour provoquer de nouveaux efforts.

CHAPITRE XII

De certains solliciteurs contre lesquels les personnes charitables doivent se tenir en garde, et qu'il y a presque toujours lieu d'éconduire.

Il ne sera pas inutile de signaler à la fin de cette étude certains autres solliciteurs qui assiègent de temps en temps les prêtres, surtout les Curés des paroisses importantes, les Sœurs de charité, les Supérieurs de communautés, les Directeurs et Directrices d'œuvres, et en général toutes les personnes réputées charitables.

Ce sont d'abord des gens de diverses conditions, mais principalement des soi-disants ouvriers ou employés qui n'ayant pu trouver du travail ou une place quelconque dans leur pays, auraient été forcés d'émigrer et d'aller chercher fortune, au loin. Huit ou neuf sur dix de ces prétendus travailleurs en quête d'ouvrage sont de la même race que ces *chemineaux* qui exploitent nos campagnes : tous vagabonds, ceux-ci vagabonds ruraux, les nôtres vagabonds citadins. Ils arrivent on ne sait d'où : s'installent dans une pauvre auberge, où dans un misérable garni à la semaine ou à la nuit : vont à droite et à gauche demander des renseignements, et implorer d'utiles recommandations pour être admis dans un atelier. A défaut de recommandations qu'on ne peut accorder à des inconnus, on leur donne quelques sous. Ils vivotent ainsi plusieurs jours. Puis quand ils s'aperçoivent qu'on est fatigué d'eux, ou qu'ils se sentent percés à jour, ils font comme les sauterelles d'Afrique qui, ayant dévoré toute la verdure d'un canton, reprennent leur vol et vont s'abattre ailleurs.

Pour mon compte j'ai été assailli au moins deux cents fois par cette sorte de pillards, et j'ai été pris une vingtaine de fois. Il faut dire aussi que plusieurs de ces filous sont tout à fait insinuants. L'un d'eux venait de me raconter ses déboires : employé dans une grande usine, il avait été mis à pied par un patro.

impie déclaré qu'il offusquait par ses sentiments religieux : « Avec vos grandes relations, me dit-il, vous n'aurez pas de peine à me procurer l'équivalent de ce que j'ai perdu. » Je répondis modestement qu'il me flattait ; que je n'avais point du tout à ma disposition la clef des portes derrière lesquelles on trouve de gros emplois. — « Mettez-moi du moins entre les doigts, reprit-il, une simple plume d'expéditionnaire, de copiste à cinquante francs par mois. » — « Cela même n'est pas si facile. » — « Eh ! bien donc donnez-moi une pelle, une pioche, que je gagne ma vie à remuer la terre. » Sur mon observation qu'il n'y a guère de terre à remuer dans les rues d'une grande ville, il conclut enfin : « Alors, de grâce, avancez-moi

deux francs pour que je mange aujour-
d'hui, et que j'aie la force d'aller chercher ailleurs. »

A les éconduire toujours sommai-
rement, on risquerait un peu de
laisser en souffrance de pauvres gens
dignes d'intérêt. Sauf le cas fréquent
où la supercherie saute aux yeux, il
est charitable et prudent de les soumettre à quelque épreuve. L'une des
meilleures consiste à leur offrir pour
deux ou trois jours, à partir du lendemain, un travail peu attrayant et
médiocrement rémunéré. La plupart
du temps, ils acceptent avec une re-
connaissance dépourvue de vivacité :
ils promettent de revenir, et ils ne
reparaissent pas. S'ils acceptent sincèrement, on en est quitte pour leur
faire une honnête aumône, et les aider

dans leurs recherches. Il arrive quelquefois que ce sont de naïfs campagnards qui, séduits par le luxe dont ils ont été témoins, et l'éclat des fêtes auxquelles ils ont assisté, sont venus échouer misérablement dans nos grandes villes, où n'ayant aucun service à rendre, ils n'ont pas un centime à gagner. Le mieux alors est d'essayer de leur faire entendre raison, et de leur fournir les moyens de se rapatrier.

Je citerai pour mémoire certains autres escrocs dont les échantillons étaient jadis assez communs, mais sont devenus très rares, et tendent même à disparaître. Je veux parler de ces pieux personnages de l'un et de l'autre sexe qui, dégoûtés du monde, et répondant à l'appel de Dieu, allaient solliciter leur admission dans quelque maison religieuse, généralement les plus austères. Le saint asile vers lequel ils s'acheminaient étant toujours situé à l'autre bout de la France, il s'agissait de les aider à faire ce long voyage. Je me contentais de les informer que la Providence les avait conduits au port plus tôt qu'ils ne le pensaient : que nous avions dans notre pays des ordres de toute sorte où il leur serait aisé de satisfaire leurs saintes ambitions. Mais non : ce n'était jamais ici, c'était toujours là-bas qu'on voulait se sanctifier et se sauver.

On calomnierait le pauvre peuple, et l'on ne rendrait pas aux *classes supérieures* de la société la justice qu'elles méritent, si l'on ne disait pas qu'elles fournissent elles-mêmes un contingent fort appréciable à cette armée de filous contre les tentatives desquels je me propose de mettre en garde les personnes charitables. Pendant toute la durée de mon ministère paroissial, pendant près de vingt-quatre ans, il ne s'est jamais passé deux mois de suite sans que des exploiteurs d'apparence soignée, et même de haute volée, aient tenté de me circonvenir. La plupart du temps ils disaient au moins la vérité sur un point : le nom honorable et quelquefois très distingué qu'ils s'attribuaient était leur véritable nom, et ils appartenaient à la famille considérable dont ils se recommandaient : quant aux titres qu'ils faisaient valoir, — il se gardaient soigneusement de dire à la charité — mais à l'intérêt, à la bienveillance, à l'appui de ceux dont, sauf la fortune, ils prétendaient bien être toujours les égaux, il serait impossible de les énumérer. On y trouverait à volonté les éléments d'un vaudeville amusant ou d'un feuilleton tragique. Quelques-uns, c'étaient naturellement les tentateurs des prêtres et des gens dévots, avaient été victimes de leur dévouement et de leur zèle un peu imprudents pour les causes sacrées de la religion et de la conservation sociale : fonctionnaires destitués ; commerçants, industriels ruinés par les manœuvres déloyales et les agissements féroces des ennemis du bien ligués contre eux ; citoyens paisibles, pères de familles aux goûts et aux habitudes de patriarches, pour qui les persécutions et les dérisions du mauvais parti triomphant rendaient inhabitable le pays natal. Plusieurs, les plus adroits, s'accusaient spontanément, avec un air de franchise propre à toucher une âme simple, d'avoir compromis ou perdu par leur imprudence ou par de véritables fautes une situation jadis brillante, et ils demandaient humblement qu'on leur tendît la main pour les aider à rentrer dans la voie un moment désertée, mais toujours chère, de la vertu et de l'honneur.

L'un d'eux, vraiment allié à une excellente famille d'un pays voisin du nôtre, s'en prenait à son père qui, pour le punir d'avoir fait contre son gré un mariage honnête, mais trop modeste, lui avait impitoyablement coupé les vivres. Il est vrai que les vivres avaient été coupées, mais pour de tout autres raisons que le mariage modeste.

Le plus remarquable de tous ces chevaliers d'industrie fut un certain breton, le Comte de ***, Comte très authentique, que ses collègues auraient dû nommer capitaine s'ils s'étaient formés en compagnie. Toutes les fois que je pense à M. le Comte de ***, les deux vers célèbres dans lesquels Marot fait le panégyrique de son valet me reviennent à la mémoire :

> Gourmand, ivrogne et assuré menteur,
> Pipeur, larron, jureur, blasphémateur.

Vu de loin, sans être entendu, il aurait été pris pour un grand seigneur en visite, si ce n'est d'un protecteur courtois et bon enfant. Il avait une façon tout à fait charmante de demander un service : et beaucoup de bons Messieurs et surtout de bonnes Dames goûtaient fort sa littérature un peu frelatée. Il écrivait un jour à l'une de celles-ci : « Madame, la fourmi étant tombée dans un ruisseau, la colombe lui jeta un brin d'herbe et la sauva. Je suis la fourmi : voulez-vous être la colombe ? »

Un jour d'Ascension, il adressa au Supérieur d'une maison religieuse une lettre qui commençait par ces termes pathétiques : « Mon Père, en ce jour anniversaire de l'élévation au Ciel de notre divin Maître, ne vous plairait-il pas d'aider au relèvement... etc. » Percé à jour, et convaincu de n'être qu'un vaurien, il vint me trouver, et me dit d'un ton très calme et très digne : « M. le Curé, il est vrai que j'ai été bien coupable ; mais, ce qui n'est pas moins vrai, c'est que ni ma femme, ni mes deux enfants, ni moi, n'avons mangé depuis hier. Voyez ce que vous avez à faire. » Je me laissai toucher. A l'éclair de joie moqueuse qui passa sur son visage, je vis, mais un peu tard, que j'étais *filouté* une fois de plus.

Un jour une grande jeune fille, d'ailleurs distinguée, sobrement élégante, se présenta chez les Religieuses chargées de prendre soin des femmes, et leur fit sa confession. Elle vivait à Paris chez sa grand'-mère : délaissée par son fiancé qu'elle aimait très honnêtement et de qui elle s'était cru aimée, elle avait eu l'imprudence de le poursuivre jusqu'à Angers où elle ne l'avait pas rencontré. Là elle avait compris sa faute : elle voulait retourner à Paris auprès de sa grand'mère. Seulement elle n'avait pas assez d'argent pour payer sa note à l'hôtel, et prendre un billet au chemin de fer. La pauvre sœur tout émue d'une telle infortune vint me conter le cas. Je l'autorisai à faire déjeûner la brebis soi-disant fourvoyée mais innocente, et je dépêchai au maître-d'hôtel une personne sûre qui s'offrit à payer la dette d'un jeune ménage logé depuis deux jours dans la maison, et lui demanda s'il n'avait pas eu à se plaindre de ses hôtes. Le maître-d'hôtel répondit que le jeune homme et la jeune femme en question ne lui devaient rien : qu'ils avaient été très raisonnables, et qu'ils partaient le soir même pour les bains de mer.

J'ai eu longtemps le tort de m'impatienter, de me fâcher un peu contre ces fripons, et d'essayer de leur faire sévèrement la leçon. L'expérience m'a appris que la meilleure manière de les punir, c'était de les turlupiner en douceur, et de leur donner l'occasion de s'appliquer le vieux proverbe : à malin, malin et demi.

Un beau garçon de bonne mine, et de belles manières, évidemment fils de famille, me demanda un jour un entretien. Avec une confusion parfaitement jouée, il s'accusa d'avoir commis une grande faute. « Je suis, me dit-il, M. de B..., officier de cavalerie, en garnison dans l'Est. J'ai profité d'un congé de quinze jours pour faire un voyage sur la côte d'azur. J'ai été à Monaco, à Monte-Carlo; j'ai joué; j'ai perdu une somme folle. J'ai écrit à mon père, ancien magistrat en retraite à *****. Il me rappelle : j'arrive : je tremble à la pensée de l'accueil qu'il va me faire. Mon père est très sévère, et même violent. » Il s'interrompit. « Eh ! Monsieur, lui dis-je, qu'ai-je à voir en cette affaire ? » — « C'est que, reprit-il, il ne me reste plus assez d'argent pour aller d'Angers à ***.

J'oserais vous prier de me faire une petite avance. Dès demain vous serez remboursé. » — « Très volontiers, cinquante francs, cent francs vous suffiront sans doute. » — « Oh ! certainement. » — « Eh ! bien, Mon-

sieur, repassez dans une heure ou
deux. Je vais télégraphier à M. votre
père pour lui demander l'autorisation
de rendre ce service à son fils. » —
« Pour l'amour de Dieu, gardez-vous
en bien. J'ai eu l'honneur de vous
dire que mon père était très vif. Il va
se mettre dans une colère épouvantable. » — « Précisément, lui répondis-je, M. votre père jettera son
premier feu sur ma dépêche. Ce soir
ou demain matin, vous le trouverez
refroidi. » Il ne put s'empêcher de
sourire, me remercia de ma bonne
bonne volonté, mais ne se décida pas
à accepter mes conditions, et il partit
en me laissant mon argent.

On ne saurait se mettre trop soigneusement en garde contre ces aven-
turiers de haut parage et beaux

parleurs. Ils épuiseraient ou diminueraient notablement les ressources déjà si insuffisantes de la charité. C'est au peuple, au vrai peuple, au peuple qui travaille et qui souffre que nous devons réserver, et, si nous le pouvons, prodiguer nos largesses : à ce peuple que je connais, et aussi que j'estime et que j'aime, qu'il m'a été doux de soulager et de servir; qu'il me serait encore plus doux d'avoir appris à connaître, à aimer, et à servir à de plus puissants et de meilleurs que moi.

TABLE DES MATIÈRES

Angers, imp. Germain et G. Grassin. — 2187-1.

Documents manquants (pages, cahiers...)
NF Z 43-120-13